영어권
지역과
언어의 이해 제2판

영어권 지역과 언어의 이해

제2판

Regional and Linguistic Understanding Anglophone Countries

2nd Edition

이봉형 지음

도서출판 동인

장미자, 이병대 선생님을 기억하며

조부모님과 부모님,
가족들에게

지난 4년 동안 영미언어문화 전공 1학년 학생들에게 책 제목과 동일한 강좌 '영어권 지역과 언어의 이해'를 열면서 이 책을 교재로 활용해왔다. 처음 1년은 출판 전 원고를 사용하다가 미진하지만 출판을 감행하였다. 3년간 교재로 활용하다 보니 부끄럽고 불만족스러운 부분이 한데 군데가 아니었다. 낯 뜨거운 곳을 하루빨리 뜯어 고치고 기워야겠다는 생각이 굴뚝같았다. 마침 재고가 2019년용으로 충분치 않다는 사실을 확인하고 그동안 틈나는 대로 수선하고, 더하고, 다듬는 작업을 해왔다.

필자는 1970년 후반 영어영문학과 학부를 다닌 경험으로 볼 때 영문학, 영어학 학습은 영어능력뿐만 아니라 영어권 역사와 사회문화 이해 토대 위에서 이루어져야 마땅하다고 굳게 믿는다. 예컨대 윌리엄 셰익스피어『맥베스』의 스코틀랜드 역사나 제임스 조이스『율리시즈』의 그리스신화에 대한 기본적 이해 없이 작품 이해는 어렵다. 서양 문화에서 기독교가 차지하는 가치도 간과해서는 안 된다.

각주를 비롯한 많은 곳에서 영어권과 우리 한국사회의 연결고리를 찾으려 노력하였다. 김대건, 하멜, 박연, 조총, 윤치호, 펄 벅, 동양척식회사, 6.25 전쟁 참전국, 마닐라-아카풀코 무역선, 서태후, 나가사키 데지마 섬, TOEIC 등을 구태여 거론한 이유가 여기에 있다.

초판은 물론 제2판까지 출판을 허락하신 도서출판 동인 이성모 사장님께 다시 한 번 감사드린다.

2018년 세밑
저자 이봉형

　　지역과 언어라는 두 마리 토끼를 동시에 잡으려는 것은 나름대로 정당성을 갖는다. 사람이 있는 곳에는 말이 있게 마련이다. 말의 기원에 대해 누구도 확신하지 못하지만 현대를 살아가는 지구상의 60억 인구 중 적어도 5세 이상 인간치고 말을 못하는 사람은 없다. 신체적으로 말을 할 수 없는 사람도 나름대로 동작을 취하여 의사소통을 하고 있다. 넓은 의미에서 인간의 동작도 말의 범주에 속한다. 말이란 단순히 기능적으로 자신이 필요한 것을 얻기 위한 수단을 넘어 인간의 생각과 정신을 담아내고 있다. 한때 국내에서 화두가 되었던 영어공용어(公用語, official language) 정책이 현실화되어 영어가 교육, 행정, 정치 등의 분야에서 의사소통의 매개체가 되었을 경우 우리 사회는 우리가 자각하지 못하는 사이 많은 국민적 의식의 변화가 있었을 것이다.

　　내용전개에 있어 지도, 그림, 그래프는 주변적인 것이 아니라 내용 전달에서 핵심적인 역할을 한다. 영어 속담에 "그림 한 장은 천 개 단어 효과가 있다"(A picture is worth a thousand words)란 말이 있듯이 문자 외의 그림 종류를 통한 정보전달이 월등한 학습 효과가 있다는 믿음에서 비롯된 것이다. 전자기기 화면을 보며 자라난 세대들에게는 더욱더 그럴 가능성이 높다. 지명, 인명, 기구 명, 국가 명 등의 고유명사 표기문제는 영어나 원어를 가능하면 우리말로 옮기되 우리말 전사가 시각적으로 독자들에게 도움이 되지 않는다고 판단한 많은 경우 로마자 표기를 그대로 두었다. 가독성(readability) 면에서 효율성을 고려한 판단이다.

　　이 책은 2015년 대전대학교 일반교재저술사업의 일환으로 저술되었다. 시작단계부터 교정, 윤문 등의 과정에서 수고해 주시고 격려해 주신 동료 교수 임은경 선생께 감사드린다. 두 번에 걸쳐 꼼꼼하게 읽어 주시고 세심하게 교열해 주시면서 책의 가독성을 크게 높여 주셨다. 아무쪼록 이 책이 학생들의 영어권 이해에 도움이 되기를 바라는 마음이 간절하다.

2015년 6월
저자 이봉형

C.O.N.T.E.N.T.s

지도

그림

그래프

표

영어의 위상

1

현재 지구상에서 영어의 존재는 특별하다. 2015년 현재 75개국에서 모국어 또는 제2언어로 사용하고 있다. 그러나 이에 못지않게 주목할 만한 사실은 영어가 외국어임에도 영어로 의사소통이 가능한 인구는 기하급수적(exponentially)으로 증가일로에 있다는 사실이다. 20세기 후반 세계영어 판도 변화는 브라지 카치루(Braj Kachru)의 3개 동심원으로 도식화한 영어 모국어(native language) 사용자인 내부원(inner circle), 제2언어(second language) 사용자인 외부원(outer circle), 외국어(foreign language) 사용자를 가리키는 팽창원(expanding circle)으로 요약된다. 제2언어, 외국어로서 영어 사용자를 결코 무시할 수 없는 시대가 된 것이다.

다른 주목할 사실은 세계영어 영어 명칭 World Englishes에서 알 수 있듯 영어의 전형(canon)은 영국과 미국영어만이 아니라는 것이다. 미국영어, 영국영어 추종이 영어 학습의 목표이던 시각에서 벗어나 영어의 중심이 미국과 영국은 물론 호주, 뉴질랜드, 남아프리카, 인도, 나이지리아 등까지 포함하는 복수중심(pluricenters)이라는 인식이 팽배해가고 있는 것이다.

본 장에서는 이러한 세계영어의 흐름을 일별하고 앞으로 이 책에서 다룰 내용을 소개한다.

영어는 이제 지구촌 곳곳에 뿌리를 내려 세계인의 공통어(共通語, common language, lingua franca)로서 자리 잡고 있다. 이와 더불어 영어라면 영국영어가 정통이고 여기에 강대국 미국영어가 버티고 있으며 나머지 지역의 영어는 이들 두 줄기의 하찮은 곁가지거나 뒤틀려서 배울 가치가 없다는 시각에 변화가 필요한 시기가 되었다. 전통적인 영어에 대한 관념을 근본적으로 바꾸게 된 것은 세계영어(World Englishes)라는 용어를 인도 출신의 브라지 카치루(Braj Kachru; 1932-2016)[1]가 사용하면서부터이다. 그는 20세기 후반 세계영어 판도를 세 개의 동심원(concentric circles)으로 도식화하고 있다. 즉 영어 모국어(native language) 사용자를 내부원(inner circle), 제2언어(second language) 사용자를 외부원(outer circle), 그리고 외국어(foreign language) 사용자를 팽창원(expanding circle)으로 분류한다. 영어 외국어사용자를 팽창원이라 칭한 것은 이들의 수가 날이 갈수록 증가하고 있기 때문이다. 여기서 중요한 사실은 영어 사용자란 곧 모국어 사용자라는 등식을 강력하게 부인하고 있는 것이다. 제2언어, 외국어로서 영어 사용자를 결코 무시할 수 없는 시대가 되었다는 경고라고도 볼 수 있다. 이러한 브라지 카치루의 영향으로 1988년 미국에서 개최된 TESOL(Teachers of English to Speakers of Other Languages) 학회에서 국제세계영어 연구위원회(International Committee of the Study of World Englishes)가 조직된 후 1992년 국제세계영어협회(International Association of World Englishes)가 미국 일리노이대학에서 결정되어 활동을 개시하였다. 여기서 주목할 점은 영어 표현이다. 세계영어를 가리키는 영어 단어는 World English가 아닌 World Englishes이다. 정통영어는 하나가 아니라 여러 개라는 의미이다. 영어는 2015년 현재 75개 국가에서 제1언어 또는 제2언어로 사용되고 있다.

지구상의 영어 확산과정은 두 흐름에 의한 것이다. 한 가지는 영국의 해외진출 또는 식민지개척 과정에서 새로운 땅에 영국인들이 건너가 국가를 세워 제1언어로 영어를 정착시킨 경우이다. 미국, 캐나다, 호주, 뉴질랜드, 남아프리카 등이다. 두 번째 흐름은 영국인의 식민지 개척과 20세기를 전후한 미국의 식민지 개척 과정에서

---

1 브라지 카치루에 대한 논의는 6.2절에서 인도영어를 다루면서 다시 논하기로 한다.

영국인이나 미국인들이 직접 건너가 영어를 이식시키기보다는 현지인들이 영어를 익혀 쓰게 하여 영어가 제2언어가 된 경우이다. 서남아시아의 인도, 파키스탄, 방글라데시, 동남아시아의 싱가포르, 필리핀, 홍콩, 서아프리카의 나이지리아, 라이베리아, 시에라리온, 카메룬, 가나, 감비아 등이며 특유의 피진(pidgin)/크리올(creole)영어가 발생한 지역이다. 동아프리카의 경우는 지리상의 이유에서 노예무역의 주된 표적은 아니었지만 19세기 말부터 20세기 중반까지 영국의 지배를 받았다. 탄자니아, 짐바브웨, 우간다, 말라위 등이 여기에 속한다. 카리브 해 영어는 두 줄기 어느 쪽에 속한다고 보기 어렵다. 현지인들(the native, the indigenous, locals)은 소멸되다시피 하고 아프리카에서 타의에 의해 강제로 이송된 아프리카 흑인들이 다수를 차지하는 특이한 사회이다.

〈지도 1〉 영어사용 국가들(http://www.wikipedia.org)

현재 지구상의 약 3억 4천만~3억 6천만 명 영어 모국어 국가별 사용자 비율은 다음과 같다.

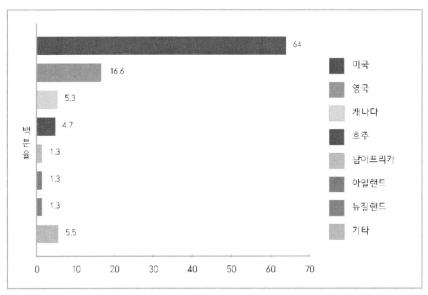

〈그래프 1〉 영어 모국어 사용자 백분율(www.wikipedia.org 2010-2015 자료 인용)

한편 모국어 여부에 관계없이 국가별 영어 의사소통 가능자 수는 아래와 같다.

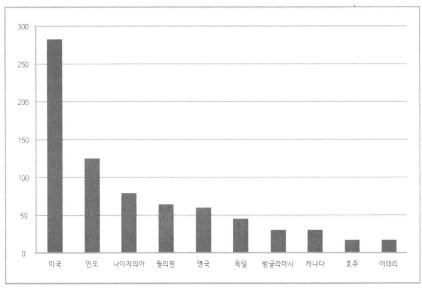

〈그래프 2〉 구어 영어 사용가능자 인구수(www.wikipedia.org 자료 인용, 단위 백만)

인도, 나이지리아, 필리핀, 독일, 이태리 등은 영어 모국어 사용자도 일부 있지만 대부분은 영어가 모국어가 아닌 제2, 제3언어인 경우이다. 세계의 모국어 외 추가 언어 (additional language)로서 영어 사용가능자는 8억 5천만 명으로 추산된다. 여기서 영어 사용가능자란 "5세 이상으로 가정에서 사용하든 아니면 영어를 '잘 한다' '매우 잘 한다'로 판단되는 사람"을 의미한다. 그런데 〈그래프 2〉에서 인용한 통계에 대한 한 가지 의문점이 발견된다. 지역적으로 126개 지역, 사용가능자 수가 쿡 제도(Cook Islands)와 같이 4천 명 이상이면 대상이 됨에도 불구하고 중국, 한국, 일본이 여기에 포함되지 않고 있다는 점이다. 카자흐스탄, 버마, 태국 등은 상당한 수의 영어사용가능자가 있는 것으로 조사된 반면 중국이 포함된 극동 3국이 올라 있지 않다는 사실은 고개를 갸우뚱하게 한다. 더구나 극동 3국은 세계 어느 지역보다 영어교육에 심혈을 기울이고 있다는 점에서만 보더라도 이들 국가의 영어 사용가능자가 4천명 이하가 될 가능성은 희박하다.

영어 모국어 사용자 수는 맨더린 (Manderin Chinese), 힌디어(Hindi) 스페인어 (Spanish) 사용자보다 열세지만 제2언어 사용자가 월등하여 모국어와 제2언어 사용자를 더하면 11억 9천만 명으로 10억 5천백만의 맨더린을 앞선다. 더구나 영어 상승세는 당분간 지속되리라 전망이어서 격차는 더 커지리라 보인다.

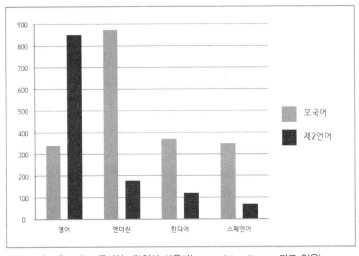

〈그래프 3〉 모국어와 제2언어 사용자(www.wikipedia.org 자료 인용)

여기서 영어가 모국어가 아님에도 영어 사용가능자가 월등히 높은 나라들을 살펴보자. 아래 〈그래프 4〉에서 보는 바와 같이 두 부류가 있다. 하나는 네덜란드, 스웨덴, 덴마크, 오스트리아 등 영어와 동일한 게르만(Germanic) 어족에 속하는 언어를 사용하는 국가들이다. 그러나 독일은 56%로 이들보다 낮은 편이다. 차이가 있다면 독일은 영국, 미국과 어깨를 나란히 할 수 있는 강대국인 반면 네덜란드 등의 국가들은 인구 2천만 이하의 소국들이다. 핀란드어는 게르만 어족에 속하지 않지만 스웨덴어를 제2언어로 택하고 있어 영어와 유사한 스웨덴어의 긍정적 영향을 받은 탓으로 보인다. 다른 영어 사용가능자 비율이 높은 필리핀, 말레이시아는 과거 미국과 영국의 지배를 받은 나라로 영어가 국가 공용어(national official language)인 까닭으로 영어 사용자 비율이 높다고 볼 수 있다.

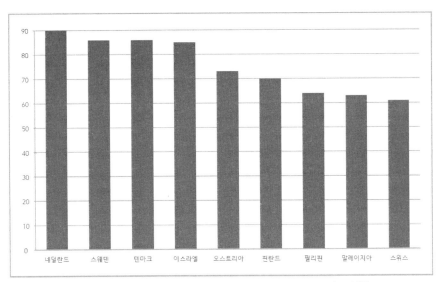

〈그래프 4〉 제2언어 영어 사용자 백분율(www.wikipedia.org 자료 인용)

앞서 언급한 바와 같이 20세기 중반 이후 세계영어 판도에 불어 닥친 또 다른 변화는 이제 영어의 중심은 전통적인 영국과 미국이라는 양대 중심체제가 흔들리고 있다는 것이다. 영어확산의 지원지가 영국과 미국뿐이 아니라 다수 존재한다는 견해이다. Schneider(2011)는 영어가 복수중심언어(pluricentric language), 즉 영국방언, 미국

방언만이 아닌 호주, 남아프리카, 인도, 나이지리아 등 중심이 확산된 언어가 된 과정을 아래의 5단계로 나누어 설명하고 있다.

1단계: 정착민 영어와 원주민 언어 간의 접촉에 의한 약한 의미에서의 이중언어
　　　　사회(bilingual society)
2단계: 영어가 폭넓게 사용되지만 정착지에서의 영어 표준(norm)은 본국 영어
　　　　예, 19세기 인도영어
3단계: 정착민들의 정체성과 결부되어 영어의 토착화(localization, indigenization,
　　　　nativization) 시작
　　　　예, 나이지리아, 싱가포르, 필리핀 등
4단계: 영어의 표준이 본국 영어에서 벗어나려는 조짐이 보인다.
　　　　예, 1947년 독립 후 인도영어
5단계: 정착민들이 본국으로부터 완전히 벗어나려는 운동 본격화
　　　　예, 호주, 캐나다가 초기 단계라면 미국은 완결단계

이 책에서는 이러한 영어 확산과정(diaspora)[2]을 추적하고 세계화된 영어권 지역의 사회와 역사, 그리고 영어를 중심으로 한 언어 실태를 살펴본다. 미국의 경우는 미국의 현대 세계사에서의 위상을 고려 역사, 사회, 정치, 종교의 문제를 다른 지역에 비해 상대적으로 폭넓게 다룬다. 그러나 영어권 지역에 대한 영어확산 과정과 언어현황이 주된 관심사인 만큼 그 밖의 미국의 역사, 경제, 사회적 문제를 심층적으로 다루려는 것은 아니다. 나아가서 영어의 원조 격인 영국은 깃들어 있는 역사적 깊이와 영어확산의 장본인이라는 점에서 포괄적인 논의가 절실하지만 저술의 균형을 맞추기 위해 개괄적인 논의에 그칠 것이다.

이 책의 구성은 다음과 같다. 제2장은 유럽의 전체적인 식민지 개척사를 조감한

---

2 확산을 의미하는 영어표현 Diaspora와 diaspora를 구분할 필요가 있다. 전자는 기원 전후 아시리아(Assyrian), 바빌로니아(Babylonians), 로마제국에 의해 비극적인 3차례의 유랑의 길을 떠났던 유태인들의 타의에 의한 세계 확산을 의미하는 반면 후자의 경우는 일반적인 언어나 문물의 확산을 의미한다.

다. 포르투갈이 원조이며 여기서 항해술을 배운 콜럼버스를 앞세운 스페인의 식민지 개척이 인류역사에 미친 영향을 다룬다. 이러한 논의는 영어권 확산과정을 다루기 위한 숨겨진 역사적 배경이 될 것이다. 제3장은 미국에 집중하여 미국학의 일부로 다룬다. 미국학 중에서 미국의 역사를 중심으로 사회, 정치, 종교 문제를 다루고 미국영어 특성, 캐나다영어와 비교, 미국의 제2언어 현황을 다룬다. 제4장 카리브 해 지역은 미국과 인접하여 미국 문화의 영향을 숙명적으로 받고 있으며 자메이카를 중심으로 영어권에 속하는 지역이 일부 포함되어 있다. 이 지역의 역사와 더불어 발생한 유럽어 크리올(creole) 형성과정과 실태를 다룬다. 제5장은 호주, 뉴질랜드, 남아프리카 지역의 백인 진출 역사와 국가형성, 원주민들과의 대결, 유럽 국가들 간의 치열한 식민지 경쟁 등을 다룬다. 제6장은 영어가 모국어가 아닌 지역으로서 세계영어에서 무시할 수 없게 된 제2언어로서 영어사용국가들을 다룬다. 대부분 영국의 식민지를 거쳐 독립한 국가들로, 동서 아프리카, 동남아시아, 서남아시아 지역이 여기에 해당한다. 식민지 정착과 영어사용 실태 등이 논의 대상이다. 제7장은 영어를 모국어나 제2언어로서 국내에서 영어를 쓸 필요를 느끼지 못하는 지역이지만 경제규모로 볼 때, 세계 2, 3위에 해당하는 거대국가(megacountry)로, 그리고 더 중요한 것은 우리와 이웃한 국가로 중국과 일본의 영어 역사와 영어 정책의 현황을 다룬다.

1-1 World Englishes와 World English의 영어표현 뒤에 숨어 있는 영어를 바라보는 시각차를 생각해보자.

1-2 유럽 국가들, 예컨대 독일, 오스트리아, 스웨덴, 덴마크, 노르웨이 등이 프랑스, 스페인, 이탈리아 등보다 영어 구사력이 월등히 높은 이유는 무엇인가? 반면 한국, 중국, 일본 등의 동아시아 국가들은 영어능력에 대한 대단한 열망에도 불구하고 실망스러운 결과를 얻는 근본적인 원인은 무엇인가 생각해보자.

1-3 인도, 필리핀, 싱가포르영어에 대한 자신의 견해를 밝혀보자.

1-4 나이지리아, 인도, 필리핀은 수많은 언어를 사용하는 다인종/다언어 국가이다. 이 나라들은 20세기 들어 영국과 미국의 통치를 받은 후 독립했는데도 불구하고 현재 영어가 국가 공용어(公用語, national official language)이다. 왜 지배국의 언어인 영어가 이 나라의 증오의 대상이 아닌 선망의 대상이 되고 있나?

1-5 최근 싱가포르에서 영어가 모국어인 아이들이 다수 태어나고 있다. 나이지리아, 인도의 경우도 마찬가지이다. 또한 독일, 북유럽, 네덜란드, 오스트리아, 스위스 등은 영어사용 가능자 비율이 절반을 넘고 있다. 이러한 현상이 전통적인 언어 분류인 모국어(native language), 제2언어(second language), 외국어(foreign language)에 도전장을 내민 이유를 생각해보자.

Keywords

additional language

Braj Kachru

creole

expanding circle

foreign language

Hindi

lingua franca

native language

official language

pidgin

second language

World English

bilingual society

common language

English diaspora

first language

Germanic

inner circle

Mandarin Chinese

nativization

outer circle

pluricentric language

Spanish

World Englishes

유럽의 식민지 개척과 영어의 전파

2

본 장은 세계영어 확산(diaspora)을 가져온 영국의 해외 식민지 개척사를 살펴보는 것이 주목적이다. 그러나 유럽인들의 15세기 이후 18세기에 이르는 발견의 시대(the Age of Discovery) 해외 진출 개척자들은 영국이 아닌 포르투갈, 스페인, 네덜란드이다. 따라서 영어의 세계 확산에 대한 역사적 이해의 깊이를 더하기 위해서는 이들 식민지 개척 선구자 국가들의 해외진출과 식민지 개척 배경과 과정에 대한 이해가 필수적이다.

본 장에서는 유럽인들이 로마시대부터 동양과의 교역로인 비단길(Silk Road)을 버리고 왜 위험부담이 큰 바닷길 개척에 도전했는지 살펴보고 아메리카 대륙 발견으로 지구 전체의 지각변동을 가져온 콜럼버스의 신대륙 발견과 스페인 식민지 개척사와 이들이 지구인들에게 가져다 영향에 대하여 논한다. 네덜란드는 영국에 인접한 국가로서 동인도회사(East India Company), 서인도회사(West India Company) 등 양국 간 불가피하게 해외진출에 미친 영향을 살펴본다. 영국에 관해서는 15세기까지의 초기근대영어(Early Modern English) 이전 시대에 관한 논의는 배제한다. 대신 식민지 개척 후발주자로서 18세기 중반 이후 식민지 개척의 새로운 강자로 부상하여 결국 영어의 세계화를 가능하게 한 배경을 소개한다. 엘리자베스 여왕의 역할, 스페인 필립 왕과의 경합, 명예혁명(Glorious Revolution)으로 인한 국내정세의 안정, 뉴턴의 과학이론, 와트의 증기기관을 비롯한 산업혁명, 아담 스미스의 경제이론 등이 논의의 대상이다.

본 장의 구성은 다음과 같다.

2.1 바닷길 개척의 추동력

대체로 15세기 중엽까지 유럽인들의 세계란 유럽과 아시아, 그리고 지중해 연안의 북아프리카를 의미한다. 먼저 북아프리카는 유럽과 지중해(Mediterranean Sea)를 공유하고 있고 지중해는 그리스·로마시대의 주요 교통로로서 이들 삶의 터전이었다. 그리스 신화 속의 트로이 전쟁(Trojan War)은 스파르타 왕국 왕비 Helen을 트로이 왕국 Paris 왕자가 빼앗아오면서 발발한 전쟁으로 숱한 문인들의 심금을 울리고 있다. 대표적으로 호머(Homer; Homerus)의 서사시 『일리아드(*Iliad*)』와 『오디세이 (*Odyssey*)』(BC 9-6세기 작시 추정), 버질(Virgil, BC 70-19)의 서사시 『이니드(*Aeneid*)』, 제임스 조이스(James Joyce, 1882-1941)의 소설 『율리시즈(*Ulysses*, 1922)』 등을 들 수 있다. 고금을 막론하고 서양인들은 3천 년 전 지중해 특히 에게 해(Aegean Sea) 주변에서 일어났다고 믿는 트로이 전쟁 주인공 Odysseus, Ulysses 등에 대한 애정이 식을 줄 모른다. 로마의 장군 시저(Julius Caesar, BC 100-44), 안토니우스(Marcus Antonius, BC 83-30)와 이집트 클레오파트라(Cleopatra, BC 69-30)의 운명적인 만남도 지중해라는 바닷길이 열려 있었기에 가능했다. 일찍이 지중해를 둘러싼 고대국가들은 활발한 교역을 한 나머지 현재 레바논을 중심으로 한때 융성했던 페니키아(Phoenicia, BC 1200-333)인들은 자신들 문자를 그리스인들에게 전해주어 α, β, . . . δ 등의 그리스 문자가 등장하고 이것이 발전한 것이 오늘날의 알파벳(alphabet)의 대표 격인 로마문자 a, b, . . . z로 발전한다.

그러나 유럽인들에게 아시아지역과의 교류는 다르다. 아시아로 가는 바닷길은 이들에게 알려지지 않았었다. 지중해를 대해(the Great Sea)로 칭한 고대국가 명칭이 말해주듯 유럽인들에게 바다란 지중해와 유럽 서쪽에 펼쳐져 있는 대서양(the Atlantic Ocean)만이 존재한다고 믿었던 것이다. 여기서 그 이름도 유명한 비단길(Silk Road)은 기원전 2세기에 태동하여 15세기 중반까지 무려 1,500년 이상 동서양 교역의 통로역할을 하게 된다. 중국의 만리장성의 축조는 북방민족으로부터 자국민을 지키려는 의도 외에 이 경제적 생명줄(lifeline)에 해당하는 비단길을 안전하게 보호하려는 의도가 숨어 있었다.

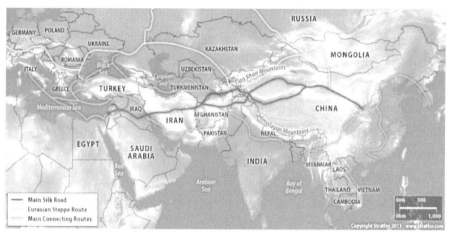

〈지도 2〉 비단길(BC 2세기-1450년대)(www.stratfor.com)

때로는 14세기 유럽을 강타했던 흑사병(the Black Death, Great Plague)과 같은 전염병의 감염경로 역할도 하기는 했지만 이러한 육로교통로는 아시아와 유럽 대상(隊商 caravan)들의 통로였던 것은 틀림없다. 중국을 비롯한 아시아지역을 서양인들에게 최초로 알린 마르코 폴로(Marco Polo, 1254-1324)는 1271년 이탈리아 베니스를 출발해 당시 원나라의 수도 베이징까지의 3년에 걸친 험난한 여정에도 불구하고 무사히 도착할 수 있었던 것은 이 비단길이 있었기 때문에 가능했다. 그러나 24년 만에 귀국할 때는 비단길을 이용하지 않고 바닷길을 이용하여 페르시아에 도착 후 다시 해상교통로를 통해 베니스로 돌아간다. 당시 마르코 폴로 자신도 자신이 귀로에 거쳐온 바닷길이 태평양(the Pacific Ocean)과 인도양(the Indian Ocean)이라는 사실을 모른 채 유럽과는 동떨어진 그저 먼 바다 정도로 여겼던 것이다.

그런데 마르코 폴로의 『동방견문록(The Travels of Marco Polo)』[3]이 세상이 나온 지 150년 가까이 지난 후 서양인들의 아시아 해상무역로 개척이 시작되는데 기존의 비단길을 마다하고 바닷길을 찾아 나선 이유가 무엇인가? 점차 항해술이나 조선술이

---

3 이 책은 유럽인들에게 아시아에 대한 관심을 크게 고조시키는데 역할을 하여 콜럼버스(Christopher Columbus, 1451-1506)가 인도로 가는 서쪽 해상로 개척의 꿈을 꾸게 하는데 크게 영향을 준다.

발달했다는 것만으로 설명이 되지 않는다. 왜냐하면 후에 이들이 이용한 바닷길은 경제적 타당성 면에서 육로보다 나아 보이지 않기 때문이다. 우선 아프리카 최남단 희망봉(Cape of Good Hope)을 돌아 인도나 중국으로 가는 길은 엄청난 우회로이다. 반면에 비단길은 직선에 가깝다. 이러한 무모한 모험을 감행한 이유를 찾기 위해서는 당시 유럽의 정치사회적 요인을 살펴볼 필요가 있다. 15세기 후반 유럽의 영토를 보면 실마리가 풀린다.

〈지도 3〉 1481년 오토만(오스만) 제국(Ottoman Empire)(www.wikipedia.org)

〈지도 4〉 1520년 오토만(오스만) 제국(www.wikipeida.org)

〈지도 2, 3〉에서 보는 것처럼 15세기 후반 이탈리아 반도 동쪽 발칸반도에서 현재 터키에 이르기까지 오토만(오스만) 제국의 영토가 확장일로를 걷고 있다. 이슬람세력 확대는 기독교인들과 십자군 운동(Crusades 1095-1291) 등의 200년에 걸친 대대적인 역사적 대결의 시대를 거치면서 이들은 기독교인들인 유럽인들과 아시아인들의 교역통로인 비단길을 막아 선 것이다. 오토만 제국은 1453년 동로마제국의 수도 콘스탄티노플(Constantinople, 현재의 Istanbul)을 점령한 후 남유럽, 소아시안 반도, 이집트, 아라비아반도, 북아프리카에서 스페인 남부까지 세력을 넓히게 된다. 이런 이유로 1450년대 이후 비단길은 대상들의 발길이 끊기게 된 것이다. 그러나 비단길의 차단이 유럽인들의 아시아 지역과의 무역에 대한 열정을 식히지는 못했다. 이제 대안으로 육로 대신 아프리카 서부해안을 경유하여 아시아로의 바닷길 개척에 나선다.

2.2 포르투갈과 스페인

포르투갈은 15세기 후반 오토만 제국의 지중해 연안 장악 이후 육로를 경유하지 않은 온전한 아시아 항로 개척 선봉에 나서 '발견의 시대'(the Age of Discovery)의 문을 열었다. 1415년 시작된 아프리카 서부해안 전초기지 건설 역사는 1500년 초에는 바스코다가마(Vasco da Gama)가 인도에까지 다다르고 계속하여 동진하여 인도네시아, 말레이시아, 베트남, 중국 광조우를 거쳐 1543년 일본에까지 이르게 된다.[4] 포르투갈인들이 노렸던 거래상품은 이제는 비단 대신 인도나 동남아시아에서 대량으로

+ 일본은 포르투갈 후에 네덜란드 등 서양인들과 교역을 규슈 섬의 나가사키 항구에 국한시키며 이른바 동도서기(東道西器), 즉 서양의 문물은 받아들이되 자신들의 정신문화는 유지한다는 정책을 편다. 이 때 포르투갈로부터 musket 조총(鳥銃)제조 기술을 익혀 1592년 임진왜란 때 조선군과의 전투에 사용한다. 한편 포르투갈은 1557년 중국의 마카오(Macau, Macao)를 거점으로 중국 진출을 꾀하는데 이들이 설립한 마카오 신학교에서 수학한 김대건 부제(deacon; 1821-1846; 영어 명 Saint Andrew Kim Taegon)는 1844년 한국인 최초 기독교 성직자로서 조선에서 포교활동을 시도하던 중 체포되어 2년 후 형장의 이슬로 사라지며 25세의 나이에 순교자(martyr)가 된다. 그는 1984년 로마 교황청과 성공회(Church of England)에 의해 성인(saint)으로 추대된다.

생산되던 향신료(spice)였기 때문에 이 해상로를 향신료 길(Spice Route)라 일컫기도 한다.

〈지도 5〉 포르투갈의 아시아 항로
(https://en.wikipedia.org/wiki/Portuguese_Empire#/media/File: Macau_Trade_Routes.png)

향신료란 생강, 계피(cinnamon), 마늘, 후추(pepper), 고추(chili) 등을 말하는데 유럽시장에서 향신료는 귀한 대접을 받아 무역상들에게는 더 없는 고소득원이 되었다. 인도나 동남아 지역에서 이들 향신료가 발달한 이유는 고온 다습한 지역에서 음식물 보관이 어려운 여건상 향신료가 조미료 역할뿐만 아니라 음식을 보관하거나 생선이나 육류의 역한 냄새를 제거하는 수단이기도 했기 때문이다. 한때 유럽인들에게 향신료는 부의 상징으로 치부되어 경쟁하듯 음식에 향신료를 듬뿍 바르거나 뿌려 먹는 것이 유행했었다. 하찮게 보이는 이 향신료 무역 덕택에 포르투갈은 16세기에 이르러 영국, 프랑스와 대등한 부국으로 부상한다. 1500년 브라질 해안 상륙도 포르투갈 역사에서 획기적인 사건으로 기록된다. 그러나 상대적으로 세력이 약한 포르투갈은 자신들이 개척한 무역로에서 상권이나 무역 전진기지들(outposts)을 스페인, 네덜란드, 영국, 프랑스에 대부분 빼앗기고 만다. 우선 스페인과의 주도권 다툼을 살펴보자.

〈그림 1〉 1879년 일본 나가사키 데지마(Dejima) 인공섬
(https://upload.wikimedia.org/wikipedia/commons/f/ff/Nagasaki_bay_siebold.jpg)

스페인의 해상항로 개척은 자신들의 이웃 포르투갈의 성공에 대한 질투심에서 비롯된 것으로 알려져 있다. 스페인의 해외진출의 물꼬를 튼 콜럼버스(Christopher Columbus, 1450-1506)는 이탈리아 제노아 공화국(Republic of Genoa)[5] 출신으로 이미 1481년 아프리카 서부해안으로 향하던 포르투갈 상선에 승선하여 8년간 항해 경험을 쌓은 바 있으며 얼마 후에는 수차례에 걸쳐 포르투갈 국왕에게 아시아로 가는 서쪽 항로 개척 지원을 요청한 바 있었다. 그러나 인도까지는 미치지 못했지만 희망봉 항로 개척에 성공한 포르투갈 왕의 마음을 사로잡지 못한다. 이에 콜럼버스는 포르투갈 대신 스페인의 이사벨라 여왕(Queen Isabella 1451-1504)의 지원을 얻어내는데 성공하여 산타 마리아호(Santa Maria)를 기함으로 하는 3척의 함대를 이끌고 아시아 특히 일본에 이르는 동쪽이 아닌 서쪽 항로 개척에 나선다.[6] 서로 상반되는 방향으로

---

[5] 당시 독일, 네덜란드, 이탈리아의 도시들은 연방정부 없이 자치도시로서 공화국형태로 통치되고 있었다. 특히 독일의 연방정부 구성은 19세기 후반에 이루어졌다.

[6] 제노아 직물상의 아들로서 콜럼버스는 상업적 협상에 능하여 스페인 이사벨라 여왕과도 3개월에 걸친 협상 끝에 여왕의 후원 하에 항해를 하되 발생하는 자신이 이익금의 1/10, 개척한 식민지를 경유하는 선박이 선적한 물품의 1/8을 자신 몫으로 한다는 조건을 관철시키는데 성공한다.

항해하는 두 사람은 결국 같은 지점에 도달할 수 있다는 믿음은 지구가 편편한 것이 아니라 구형(globe)이라는 믿음 없이 불가능하다. 그러나 이러한 믿음을 경험적으로 증명한 적이 없던 시대에 콜럼버스의 시도는 대단한 모험이었다. 설령 공 모양의 지구가 확실하다 하더라도 지구 반경이나 둘레의 길이를 정확히 알지 못했던 시대이다. 최초의 지구 일주는 콜럼버스 사후 1519년 포르투갈의 마젤란(Ferdinand Magellan, 1480-1521)[7]이 이루어내면서 비로소 지구의 모양과 크기를 실증할 수 있게 된다. 마젤란 자신은 불행히도 항해도중 필리핀에서 원주민들에게 피습되어 항해를 끝내지 못하지만 일행들에게 의해 1,080일간에 걸친 인류 최초의 세계 일주를 성공하게 된다.

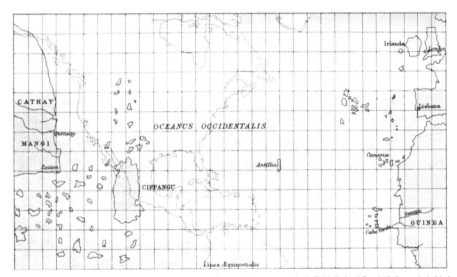

〈지도 6〉 콜럼버스에 큰 영향을 미친 Toscanelli 지도: 일본(Cippangu)이 유럽에서 매우 가깝게 그려져 있다. (www.wikipedia.org)

콜럼버스는 출발 당시 40여일 서진하면 일본(이태리어 Cippangu, Japan은 포르투갈어, Nippon은 日本의 일본어 발음)에 닿으리라 예상했다. 일단 일본에 닿은 후 인

---

[7] 마젤란은 포르투갈 출신이지만 포르투갈 왕이 자신의 세계일주 지원을 거절하자 대신 스페인 국왕을 찾아간다.

도에 가려는 속셈이었다. 1492년 8월 3일 닻을 올린 콜럼버스는 당시 유럽인들에게 이미 알려진 아프리카 서부해안에서 100km 정도 떨어진 카나리아 제도(Canary Islands)를 거쳐 10월 12일 마침내 도달한 새로운 땅은 아메리카 대륙에 가로막혀 아시아로 갈 수 없는 카리브 해 섬들이었던 것이다.[8] 콜럼버스는 4차례에 걸쳐 카리브 해 지역을 항해하여 현재 도미니카, 아이티가 위치한 섬을 히스파니올라(Hispaniola) 즉 스페인 섬(the Spanish Island)이라 칭하고 신대륙 최초의 식민지를 건설한다. 귀국하여 자랑스럽게 금, 인디언 노예들을 스페인 이사벨라 여왕에게 안기게 되지만 끝내 자신이 발견한 땅은 아시아 땅이 아닌 신대륙이란 사실은 깨닫지 못하고 만다. 이곳 주민들을 콜럼버스가 인도사람이란 뜻으로 부른 '인디오'(Indio)란 스페인어 명칭을 아직도 쓰고 있다. 미국 땅에서의 원주민을 '인디언'(Indian)이라고 한 명칭은 영국인들이 남긴 유산이다.

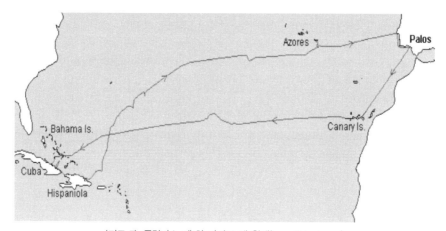

〈지도 7〉 콜럼버스 제1차 카리브 해 항해(www.fidnet.com)

콜럼버스의 서쪽으로 가는 바닷길 발견은 유럽 사회 전체를 뒤흔들어 놓기에 충분했다. 특히 1494년 인도로 가는 동쪽 항로를 개척한 포르투갈과 서쪽으로 가는 항

---

8 라틴 아메리카의 많은 나라에서 10월 12일은 콜럼버스의 날로 기념하고 있으며 미국의 경우 매년 10월 둘째 월요일을 Columbus Day 국경일로 기념하고 있다. 다만 Hawaii, Alaska, Oregon, South Dakota 주에서는 이 날을 국경일로 인정하지 않고 있다.

로를 개척한 스페인은 세계를 양분하여 대서양 서쪽은 스페인이 차지하고 동쪽은 포르투갈이 차지한다는 조약을 맺는다. 이들은 자신들이 도착한 곳이 바로 자신들의 땅이라 여기고 서둘러 식민지 사냥에 나선다. 콜럼버스의 카리브 해 도착 후 스페인은 식민지 개척을 본격화하여 1898년 미국-스페인 전쟁에서 패하면서 카리브 해의 바하마제도, 버진 아일랜드, 태평양의 필리핀이 미국령이 될 때까지 스페인 제국(Spanish Empire)은 막강한 힘을 과시한다. 승승장구하던 스페인은 16세기 말 영국의 엘리자베스 여왕이 이끄는 영국해군이 스페인의 무적함대(Armada)를 무찌르면서 주춤하게 되지만 17세기 후반까지 세계의 강대국으로 그 영향력은 중남미를 석권한 나라로서 오늘날까지 계속된다. 영국인들이 17세기 초에 이르러서 비로소 미국 땅에 당도한 데 비해 스페인은 미국 플로리다, 서남부, 서부해안, 멕시코를 비롯한 중남미 상당부분을 이미 16세기 초부터 차지하였던 것이다. 특히 1521년 멕시코 아즈텍 제국(Aztec Empire), 1542년 마야문명(Mayan Civilization)을 멸망시켰으며 남미에서는 1572년 페루, 칠레, 볼리비아 일대의 잉카제국(Inca Empire)을 정복하였다. "황금을 찾으면 나눠 갖는다"라는 목전의 이익을 위해 중남미 정복을 노리던 스페인 정복자들이 원주민에 비해 월등히 수적으로 열세였지만 원주민들이 쉽게 압도당한 것은 이들이 탄 말 때문인 것으로 전해진다. 당시 신대륙에는 말을 타고 전신갑옷(full body armor)을 입은 스페인들은 공포의 대상 자체였다. 거기다가 스페인들은 총을 소유하고 있었으며 원주민 부족 간의 알력을 이용하는 교묘한 전술까지 동원했다. 정복 후 스페인들은 황금만을 뺏은 것이 아니라 이 지역 모든 것을 차지한다. 중남미 원주민들에 대한 정복자들의 통치는 아프리카 노예들의 경우보다 오히려 잔인했던 것이다. 무상노동과 재산몰수, 급기야는 생명까지 빼앗고 말았기 때문이다.

정복자 스페인들이 남긴 유산은 두 가지이다. 하나는 원주민 언어의 소멸이다. 볼리비아, 콜롬비아, 멕시코를 제외하고 나머지 중남미 국가에서 원주민 비율은 매우 낮다. 스페인인들이 새로 건설한 도시들에는 기존의 원주민 신전을 철저히 파괴하고 그 위에 교회를 세우는 잔인함으로 보였다. 이렇게 원주민 문화를 말살한 후 세운 교회를 중심으로 백인들, 백인들과 원주민들의 혼혈인 메스티조(mestizo)들이 사는 거주지를 세워 나갔다. 대신 원주민들은 백인들이 옮긴 천연두 등의 전염병에 대한 바이러스 항체가 없는 상태에서 병사하거나 고산지역으로 쫓겨난다. 현재 지구 상에 스페인어는 영어 다음으로 광범위한 지역에서 사용하는 언어이다.

스페인인들이 남긴 또 다른 유산은 로마 가톨릭교(천주교, 구교)로서 태양이나 자연신 숭배 대신 중남미 국가들의 신앙으로 자리를 잡았다. 정복과정에서 스페인인 들의 잔혹한 원주민 착취와 학대의 역사는 인간 모순(paradox)의 단면으로 이해할 수 있다.9 스페인이 정복한 볼리비아 안데스 산맥에 포토시(Potosí)라는 곳에 은광이 발견되면서 이들이 갈구하던 엘도라도(El Dorado)가 된 포토시는 스페인의 화폐 주 조국을 이곳에 설치할 정도로 번창하여 해발 4,000미터에 달하는 이 외딴 마을은 1611년 인구가 16만 명에 달하여 일약 신대륙 최대의 도시가 되는 등 번영의 상징이 되었다. 스페인 말에 있는 "포토시만한 가치가 있다(to be worth a Potosí), 다시 말해 "대단한 가치가 있다"는 표현은 여기서 유래한다. 원주민들을 가축처럼 혹사시켜 이 곳에서 채굴하여 본국으로 보낸 은광석은 천문학적으로 많은 양이었다. 제련된 은괴 와 함께 화폐 주조국에서 제작한 스페인 은화는 포토시에서 멀지 않은 해상로10를 통하거나 노새, 야마(llama)를 이용 에콰도르, 콜롬비아를 거쳐 파나마로 운송한 후 카리브 해를 거쳐 해상항로를 통해 스페인 남부 안달루시아 지방의 세비야(Seville)로 반입하는 방식을 취했다.11 이러한 재원이 스페인 귀족들의 호주머니를 두둑이 불려 주는가 하면 기독교 교회로 유입되어 오늘날까지 수려한 자태를 뽐내고 있는 스페인 곳곳의 성당과 시가지들이 그 날의 영광을 뒤로하고 있다. 콜럼버스가 4명의 스페인 왕이 떠받든 관 속에 잠들어 있는 곳이 바로 세비야성당이다. 이 성당은 규모 면에 서 어마어마할 뿐만 아니라 황금제단(gilded altar)으로 유명한데 이것은 우리에게 잠

---

9 세르반테스(Miguel de Cervantes) 『돈키호테』(*Don Quixote*, 1605)는 이러한 인간의 모순을 보여준 작품으로 유명하다. 흥미로운 장면 중의 하나는 포토시(Potosi)에 언급인데 '엄청난 풍요의 땅'(a land of extraordinary richness)으로 묘사되어 있다. 이는 남미 원주민들과 같은 사회적 약자 들을 탐욕의 도구로 삼아 부와 명예를 누리는 스페인 귀족들을 풍자한 것이다.

10 볼리비아는 1879-1884년 칠레와의 태평양연안 지역 영토분쟁에서 패해 해안지역을 상실한 후 2018년 네덜란드 헤이그 국제사법재판소에 제소하여 영토회복을 노렸으나 판결 결과 패소하고 말았다.

11 17세기 초 세계 은과 금의 80% 이상을 스페인이 차지한 것으로 알려져 있다. 신대륙에서 본국으 로 실어간 금괴는 200톤 이상이며 은괴/은화는 1만 톤이 넘은 것으로 추산된다.

시 인간역사의 냉혹함에 대해 생각하게 한다. 그러나 세계 최초의 해가 지지 않는 나라(a country with no sunset)가 된 스페인제국은 17세기 말 그 영광을 영국에게 물려주게 된다.

〈지도 8〉 스페인 제국(16~19세기)(bishop.jmstanton.com)

Pack train of llamas laden with silver from Potosi mines of Peru, 1602. (Library of Congress)

〈그림 2〉 1602년 볼리비아 포토시(Potosi) 은광산 encyclopedia-of-money.blogspot.kr, 미국 국회도서관 자료)

2.3 네덜란드

　12세기 들어 뒤늦게 인간의 거주가 시작된 네덜란드 영토는 1/3이 해수면 이하이며(Netherlands=below lands) 부존자원이 거의 없는 열악한 환경 탓에 북해(the North Sea)에서의 청어 잡이(herring fishery)가 주요 산업이었다. 이들은 스스로 개발한 염장(salting)기술을 바탕으로 소금에 절인 청어를 유럽 또는 아프리카 북부까지 거래하는 상인시대를 거쳐 점차 청어뿐만 아니라 유럽 각지에서 생산되는 직물, 철, 목재, 밀 등 각종 상품의 중간상인(middleman)으로 부를 축적하게 된다. 이것이 가능한 이유는 여타 유럽 국가들과는 다른 선박 건조기술을 고안한 덕분이었다. 네덜란드 상인들은 철두철미 상업적 목적을 가지고 무역을 하면서 영국, 스페인 상선의 경우처럼 대포(artillery)를 탑재하지 않고 상품적재를 최대화할 수 있는 저비용 고효율의 선박설계를 시도한 것이다. 그리하여 다른 유럽 국가 상인들보다 큰 이윤을 남기면서 '바다의 마부'(Coachmen of the Sea)라고 불리며 유럽 해상 상권 지배자가 된다. 16세기 중엽부터 이러한 막강한 부를 이용하여 귀족들이 지배하던 도시들을 사들여 사실상 자신들이 통치하는 자치도시(autonomous city)를 건설하기 시작하였다. 부유한 상인들은 정치적 야심보다는 순수한 경제적 이윤을 보장받는 상인으로서의 역할에 만족하여 한때 스페인의 필립 2세(Philip II), 영국 엘리자베스 여왕(Elizabeth I)의 정치적 보호를 받는 것을 자청할 정도였다.

　유럽의 중간상인으로 번성한 네덜란드가 유럽의 근해를 벗어나 세계를 향한 원거리 해상진출 계기가 된 것은 스페인 필립 2세의 세금징수에 대한 반발로 스페인의 네덜란드 관할권을 박탈한 사건이다. 여기에 맞서 스페인은 앙갚음으로 스페인의 주요 무역항에서 네덜란드 선박의 입항을 봉쇄한다. 이 사건으로 인해 네덜란드는 새로운 상품 거래처 개척을 위해 유럽 밖 세계로 눈길을 돌리지 않을 수 없게 된 것이다. 여기에서 놀라운 일들이 벌어진다. 원양항해(deep sea navigation)라는 원대한 목표 달성에 필요한 막대한 자금조달을 위해 새로운 수단을 강구한 것이다. 1602년 오늘날의 회사에 해당하는 네덜란드 동인도회사(Dutch East India Company)를 세워 신분고하를 막론하고 전 국민들이 이 회사에 투자하도록 유도한 것이다.[12] 오늘날의 회사와 마찬가지로 투자자들은 이익금의 일정 비율을 배당금(dividend)으로 받는 조건이었다. 물론 높은 수익을 약속했지만 실패했을 경우 위험부담은 감수해야 했다. 네덜란드 동인도회사는 이러한 철저한 준비 덕분에 10년 후부터 이익을 내기 시작하여 투자자들에게 부를 안겨주고 1609년 암스테르담에는 인류 최초의 주식거래소가 생겨난다. 곧이어 은행이 설립되게 되어 17세기 초 네덜란드는 현대 경제제도의 창시자로 발돋움하게 된다. 그리하여 17세기 중엽 국가번영의 정점을 달하여 세계무역의 절반을 차지하는 부국이 되어 이를 바탕으로 네덜란드 중산층들은 삶의 풍요를 누리게 된다. 당시 800만에서 1500만점에 달하는 유화(oil painting)가 쏟아져 나온 것으로 이를 확인할 수 있다. 흥미로운 사실은 네덜란드인들의 정치에 도무지 무관심한 풍조를 이들 유화의 소재가 왕이나 귀족들이 아닌 서민들의 삶이었다는 점에서 다시 한 번 엿볼 수 있다. 그러면 네덜란드 해외진출 과정을 살펴보자.

1595년 인도네시아에 도착한 이래 1602년 네덜란드 동인도회사 설립으로 본격적인 식민개척이 시작되었다.[13] 그 후 동남아시아 지역에서 영국과 수차례에 걸쳐 치열한 주도권 다툼을 벌인다. 마침내 1817년 조약에 의거 말라카(Malaka) 지역은 영국이 차지하고 인도네시아는 네덜란드의 몫으로 남게 되면서 영국과 분쟁이 종식된다. 수차례의 원주민 반란을 겪었으나 1949년 독립까지 347년이란 기간 동안 인도네시아는 네덜란드 동인도회사의 본부가 자바(Java) 섬 Batavia(현재 Jakarta)에 세워지면서 네덜란드의 아시아 활동무대의 중심 역할을 한다. 유럽인들이 탐내던 육두구(nutmeg)[14]라는 우리에게는 생소한 향신료를 비롯하여 사탕수수, 커피, 계피, 고무나무, 차 등을 대규모로 재배한 것이다. 네덜란드는 17세기 중엽 일본과의 무역도 독점하게 된다.[15]

---

[12] 네덜란드의 동인도회사는 1600년 엘리자베스 여왕의 특허장을 받아 설립된 영국의 동인도회사를 본떠서 만든 것은 사실이나 17세기 중엽까지 네덜란드 동인도회사는 인도네시아에서 향신료 무역권을 장악하면서 영국 동인도회사와는 비교가 안 될 정도로 활발하였다. 동인도회사는 자체 병력과 재판권, 범죄인 기소권을 가지고 허가된 지역 무역 독점권이 부여되었다.

[13] 17세기 중엽 네덜란드 번영기에 전 세계에 걸쳐 동인도 회사 지점이 15,000개에 달하게 된다.

[14] 육두구는 커피와 마찬가지로 겉껍질과 과육을 제거하고 상수리 크기의 씨앗을 빻아 생선이나 고기에서 나는 냄새를 제거해주는 탈취제/방취제(deodorant)로 사용되었다.

여기서 그치지 않고 네덜란드는 17세기 초 네덜란드 서인도회사(Dutch West India Company) 설립으로 아메리카 대륙의 식민지 개척에 뛰어들면서 이미 기득권을 확보하고 있던 스페인의 견제를 받는다. 식민지 개척의 후발주자 영국과 프랑스와도 경합을 벌이게 되는데 이는 남아메리카 북부지역에 위치한 베네수엘라와 브라질 사이에 위치한 수리남(Suriname) 지역의 역사를 보면 알 수 있다. 현재는 영어권인 가이아나(Guyana), 네덜란드어가 공용어인 수리남, 불어가 공용어인 프랑스령 기아나(French Guiana)로 삼분되어 있듯이 유럽 각국의 각축장이었던 곳이다. 본래 가이아나 전체를 네덜란드가 선점하였으나 영국과 프랑스가 가세하여 결국 분할 된 것이다. 흥미로운 사실은 영국은 수리남 지역을 네덜란드에 양보하면서 당시 뉴암스테르담(New Amsterdam)으로 부르던 뉴욕(New York) 지역을 수리남 양보의 대가로 차지한 것이다. 이렇게 하여 뉴욕이라는 현대 자본주의 상징도시가 지구상에 탄생하게 되었다.

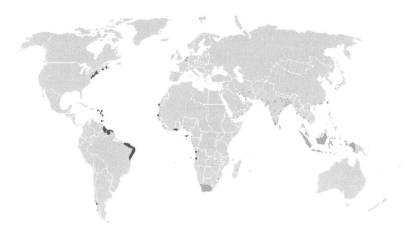

〈지도 9〉 네덜란드 무역기지: 네덜란드 동·서인도회사에 의한 개척(www.wikipedia.org)

---

15 일본의 친네덜란드적 문화는 17세기 중반부터 시작되며 난학(蘭學, Rangaku) 즉 네덜란드에서 수입한 서양학문과 문화가 동양세계에 알려지게 된 결정적 계기가 되어 수많은 학문적, 일상적 어휘들이 한자어로 번역되어 한국, 중국을 비롯한 한자문화권에 파급된다. 네덜란드와 일본 무역은 조선에도 영향을 미쳤는데 박연(Jan Janz Weltrevree, 1378-1458), 하멜(Hendrik Hamel, 1630-1692) 등 네덜란드 동인도회사 소속 선원들이 일본 나가사키 항구 데지마(Dejima) 인공섬으로 항해 도중 풍랑으로 표류하며 제주도에 우연히 상륙한 것이다. 근대 들어 윤치호(1865-1945)는 1883년 일본 주재 네덜란드 외교관에게서 4개월간 영어를 배워 한국 최초의 영어통역관으로 활약한다. 그 후 미국에 건너가 Vanderbilt, Emory 대학에서 수학하며 영어를 익히고 무려 60년 동안 쓴 일기를 남기고 있는데 그 대부분은 영어일기이다.

17세기 말에 이르러 미주대륙의 네덜란드 영토는 대부분 영국과 프랑스에 빼앗기게 되지만 카리브 해 지역은 예외적으로 현재도 몇몇 네덜란드령이 존재하고 있다. 앞서 언급한 바와 같이 네덜란드인들은 식민지에서 경제적 이득을 취하는데 전념하여 식민지에서 거둬들인 막대한 자금을 안전하게 보관 관리하기 위한 근대적 자

본시장인 은행과 증권거래소를 통하여 부를 확대재생산하는 자본주의 제도를 고안하는 업적을 창출해낸 것이다. 아시아 식민지 개척 와중에 중국에서 수입한 튤립(tulip)을 자국에서 대대적으로 재배하는 수완도 발휘한다.[16] 1634년부터 1647년까지 네덜란드 튤립 열풍은 절정에 달하여 튤립 구근을 투기의 대상으로 삼아 튤립 구근이 화폐로 통용되기도 했다. 당시의 그림에 튤립 정물화가 자주 등장하는 이유가 여기에 있으며 결국 튤립은 네덜란드 토종이 아님에도 네덜란드를 상징(icon)이며 국화(national flower)가 된다.

〈그림 3〉 네덜란드 국화 튤립
(www.wikipedia.org)

2.4 영국의 해외진출과 영어 확산

영국의 해외진출은 엘리자베스 여왕 1세(Queen Elizabeth I, 1533-1603, 재위 1558-1603년)가 있었기에 가능했다. 그녀는 영국을 유럽의 주변국가(fringe country)에서 중심국가(mainstay country)로 탈바꿈시켜 영국이 18세기 중엽 세계 최강국으로 세계 역사를 주도하는 나라가 되게 하는데 밑알이 되었다. 그래서 세계어로서 영어

---

[16] 네덜란드인들의 철저한 상업적 실리주의는 네덜란드 사절단이 중국 청나라 황제를 알현할 때 여타 유럽 국가들과 다른 태도를 보인 데서 드러난다. 중국 황제를 알현하려면 세 번 큰 절(三拜, kowtow)을 올려야 하는 관습에 다른 백인들은 굴복하지 않은 반면 네덜란드인들은 이를 수용한 것은 자존심보다 실리를 앞세웠기 때문이다. 일본과의 무역을 독점한 이유도 기독교전도를 고집한 포르투갈보다 상업에 전념한 네덜란드가 일본이 고수한 동도서기(東道西器) 정책에 부합되었기 때문이다.

역사의 출발을 엘리자베스 여왕시대로 보는 것이 무리가 아니다.

2018년 현재 영연방(Commonwealth of Nations)에는 최근 아프리카의 감비아 (Gambia)가 탈퇴하여 52개국이 가입되어 있다. 영연방은 1931년 결성되어 현재는 엘리자베스 2세 여왕을 이들 국가들은 상징적(symbolic) 국가수반으로 삼고 있다. 영국 여왕이 이들 국가에 직접적인 권력을 행사하는 것은 아니며 서로 간에 민주주의, 법에 의한 통치, 평등, 자유, 자유무역, 세계평화 등의 가치를 공유하는 관계를 유지하고 있다. 회원국에는 유럽 3개, 북미 12개, 남미 1개, 아시아 8개, 오세아니아 11개, 아프리카 17개 국가가 있다. 인구는 22억에 달하며 이중 12억을 인도가 차지하여 영연방인구의 95%가 아시아·아프리카에 거주한다. 미국은 회원국이 아니며 영국을 제외한 모든 지역이 과거 영국의 지배를 받은 곳이다. 미국의 상징이 야구와 미식축구라면 영국의 상징은 크리켓(cricket)과 축구라고 볼 때 이들 영연방 국가들은 영국에서 태동한 구기경기인 크리켓과 축구 그리고 럭비경기를 즐기는 국가들이라는 공통점이 있다.

〈지도 10〉 영연방(Commonwealth of Nations: 52개 지역)(www.wikipedia.org)

〈그림 4〉 크리켓(cricket): 영국문화의 아이콘(www.cricketweb.net)

이러한 영향력을 가진 언어권으로 군림하며 오늘날 영어를 세계어의 위치까지 올려 놓은 영국의 해외진출 역사는 영국의 문화와 더불어 자국어의 해외 확산과정으로 이해할 수 있다. 앞서 언급한 엘리자베스 여왕이 왕위에 오른 1558년 당시 해외진출의 선두주자였던 포르투갈은 해외진출의 전성기를 넘어 스페인에게 주도권을 빼앗긴 상태였고, 스페인은 이미 카리브 해를 비롯한 미주대륙에 광범위한 영토를 확장하며 남북아메리카에서 서서히 자리를 잡아가던 시기이다. 네덜란드도 유럽지역 전역에서 해상무역 강자로 부를 쌓아가던 시기이다. 다시 말하면 미국 남부, 태평양 연안, 멕시코를 포함한 중남미, 카리브 해, 남미 안데스산맥 서부 태평양연안이 스페인의 손아귀에 들어간 시기이다. 카리브 해에서는 아프리카 노예들이 사탕수수, 카카오 재배농장에서 혹사당하며 스페인 농장주의 주머니를 불려주던 때이다. 중남미 많은 나라들의 원주민들은 점차 자신들의 삶의 터전인 안데스 산맥 기슭의 감자, 옥수수 농장을 스페인에 빼앗기고 노예보다 못한 무상근로자(unpaid worker)로 전락한 때이기도 하다. 안데스 산맥의 고원에 위치한 볼리비아 포토시 광산에서 채굴한 은광석을 비롯한 금은보화를 가득 실은 스페인 상선을 노리는 해적선들이 카리브 해에 출몰하던 시기이기도 하다. 영국에서는 만원을 이룬 관객들이 런던 템즈(the Thames) 강변의 글로브(Globe) 극장에서 셰익스피어(William Shakespeare, 1564-1616)의 Hamlet, Macbeth, King Lear, Merchant Venice 등에서 열연하는 배우들의 연기에 넋을 잃은 시기이다. 극장 한 곁에 자리한 엘리자베스 여왕도 Hamlet에 등장하는 "약한 자여, 그대 이름은 여자다"(Frailty, thy name is woman)나 Duncan 왕을 시해한 Macbeth의 고뇌에 찬 독백을 묵묵히 듣고 있던 시기이다.

〈그림 5〉 엘리자베스 1세(1533-1603, 재위 1558-1603)
좌우 배경에 스페인 무적함대 모습이 보인다. (www.wikipedia.org)

　　헨리 8세의 딸로 스페인 필립 2세의 구혼을 물리친 엘리자베스 여왕은, 개신교도 (protestant)로서 아버지의 뜻을 따르며 영국의 정체성을 지키고자 했으나 그녀가 왕위에 오를 때 영국의 국력은 스페인이나 프랑스에 비해 초라하기 짝이 없었다. 스페인은 해가 지지 않는 나라가 되어 세계 각지에서 막대한 양의 재화를 벌어들이는 강국인 반면 영국은 스페인의 화물선을 약탈하는 해적질(piracy)로 빈약한 왕실재정을 벌충하는 나라였다. 양국 간 숙명적 격돌은 이미 엘리자베스 여왕이 스페인 필립 2세 국왕의 청혼을 거절할 때부터 움트기 시작했다. 필립 2세는 로마 가톨릭교의 열렬한 신봉자로 엘리자베스 여왕과의 혼인을 통해 종교적 이단자 영국을 구교로 복귀시키려는 의도 외에 영국이 자신들의 해외진출에 걸림돌이었기에 영국을 길들이고자 했다. 엘리자베스 여왕의 총아 드레이크(Francis Drake, 1540-96)가 젊은 시절 카리브 해에서 스페인 상선으로부터 막대한 양의 금은보화를 갈취하여 귀국했을 때 여왕은 이를 암암리에 지원했을 뿐더러 그를 영국의 영웅으로 만든다. 드레이크는 1580년 여왕의 후원 하에 포르투갈의 마젤란에 이어 3년여 간의 항해 끝에 세계에서 두 번째로 세계 일주에 성공한 장본인이기도 하다. 세계 일주를 하는 동안 드레이크는 남미 칠레 해안에서 스페인의 은을 가득 실은 상선(silver fleet)을 노략질하여 영국에 막대한 부를 가져다준다. 드레이크는 격분한 스페인국왕이 막대한 현상금(bounty)을 내걸 정도로 스페인들에게는 공포의 대상이자 불구대천의 원수였지만 동시에 영국의 영웅이었던 것이다.[17] 그가 스페인에게 다시 한 번 치명상을 입히게 되는데 그것은 1588년 스페인 무적함대(Armada)와의 깔래 전투(the Battle of Calais)에서의 활약이다. 스페인은 수적으로 보나 무기 면에서 막강했음에도 적수가 되지 못했던 영국 해군에게 참패하고 만다. 드레이크의 뛰어난 용병술과 기존의 선박을 개조하여 스페인 함대를 능가하는 기동력을 갖춘 갤리온(galleon) 선[18]을 개발한 덕이었다. 이 해전 이후 스페인은 영국에게 식민지 주도권 싸움에서 점차 밀려나고 만다. 무적함대를 무찌른 후 영국은 바다의 경제적, 정치적 중요성을 깨닫고 해외진출에 대한 눈이 뜨기 시작하여 이제는 스페인이 아닌 영국이 19세기 중엽 '해가 지지 않는 나라'가 되는 발판을 마련한다. 영국 해군이 스페인 무적함대를 물리치고 1588년 칼레전투에서 승리하면서 전통적인 선상에서의 보병전(infantry battle)과 다름없었던 해전 방식에서 근대 포격전(artillery battle)으로 전투방식의 전환을 가져온다.

〈그림 6〉 해적기(Jolly Roger): 검은 바탕에 해골과 X자 대퇴골
(https://en.wikipedia.org/wiki/Jolly_Roger#/media/File:Pirate_Flag.svg)

---

[17] 드레이크를 비롯한 영국해적들을 비호한 것이 엘리자베스 여왕인데 엘리자베스 여왕은 해적 드레이크에게 기사작위를 수여한 바 있다. 해적활동에서 얻은 재물은 여왕과 해적들이 절반씩 나눠 가진 것으로 알려져 있다.

[18] 갤리선(galley)을 개량한 것이 갤리온(galleon) 선이다. 갤리선이란 '노(oar, peddle)를 젓는 전투함'의 의미이다. 영화 〈벤허(Ben-Hur)〉, 〈율리시즈(Ulysses)〉에 등장하는 배나 바이킹 선이 여기에 해당한다. 갤리온 선은 갤리선의 노를 없애고 보조수단으로 사용하던 돛(sail)을 이용하여 추진하고 복층 갑판을 갖춘 구조이다. 칼과 창, 활을 사용하는 전통적 전투가 아닌 포격전 방식의 전투에서 갤리선은 무용지물이 되면서 점차 사라지게 된다.

그러나 영국이 식민지 개척사에서 여타 유럽 국가들보다 후발주자임에도 18세기 이후 이들 국가들보다 우위를 점하게 된 이유는 단순히 스페인 무적함대를 무찌른 사건 하나만으로 설명이 안 된다. 왜냐하면 영국의 식민지 개척이 본격화 된 것은 무적함대와의 전투 이후 1세기가 지난 시기이기 때문이다. 이유는 영국이 이룩한 또 다른 빛나는 업적이 있었기 때문이다. 영국은 엘리자베스 사후 정치적 격변기를 거치며 왕당파(Royalists)와 의회파(Parliamentarians) 간의 영국내전(English Civil War; 1642-1651), Charles 1세의 처형(1649), 크롬웰(Oliver Cromwell; 1599-1658)의 왕정폐지와 공화정(Republic; 1653-1660), Charles 2세의 왕정복구 등 극심한 정치적 소용돌이에 휘말리게 된다. 그러나 1688년 명예혁명(Glorious Revolution)[19]을 시작으로 의회제도의 정착으로 왕과 의회의 적절한 권력균형을 이루는 등 국내 상황이 안정기에 접어들면서 상업과 식민지 개척이 국가번영의 유일한 방책이라는 국민적 합의(national consensus)에 이른 것이다.

영국은 유럽에서 네덜란드의 해상 무역권을 빼앗기 위해 3차례의 전쟁을 벌이며 자국에 유리한 해상 무역법을 강제로 수용하게 하였다. 아메리카 대륙에 대한 지배권을 놓고 스페인을 비롯한 프랑스, 네덜란드와 각축전을 벌여 결국 이들이 차지하고 있던 지역 중에서 현재의 미국영토를 비롯하여 자메이카, 바베이도스, 바하마제도 등 카리브 해 일부를 차지하게 되었다. 1776년 미국의 13개주 독립 이후 미국이 모국 영국과 결별하고 스페인, 프랑스, 멕시코가 차지했던 지역을 전쟁이나 구매 또는 합병 형식으로 영토를 넓히면서 오늘날의 미국이 형성된 것은 무엇보다도 중요한 사실이다. 미국의 형성에 대해서는 다음 장에서 상세하게 다루기로 한다.

---

[19] 제임스 2세의 로마 가톨릭교 회귀를 강요하고 의회를 통하지 않은 세금 징수 등이 발단이 되어 영국의회와 함께 네덜란드 오렌지지역(Principality of Orange) 통치자이며 왕의 조카이며 사위 윌리엄 3세(William III)의 합작으로 제임스 2세를 무력을 사용하지 않고 퇴위시키고 영국국왕 윌리엄 3세로 즉위한 사건을 말한다. 윌리엄 3세는 제임스왕의 딸이며 부인 Mary와 함께 왕위에 올라 공동 왕위(co-regency) 자리를 지킨다. 이 혁명은 국왕을 무력충돌 없이 의회에서 왕을 선출한 피를 흘리지 않은 의미에서 무혈혁명(Bloodless Revolution)으로 부르기도 한다. 실제는 James 2세는 사위와 딸에게 왕위를 빼앗긴 셈이다.

〈그림 7〉 1800년 런던 동인도 회사(https://www.britannica.com/topic/East-India-Company)

영국은 아시아 지역 진출을 위해 일찍이 1600년 동인도회사(East India Company)를 설립하여 식민지 개척을 위한 오늘날 주식회사와 마찬가지로 일정한 자금을 공동 투자하여 수익금을 투자에 비례하여 분배하는 방식을 취하며 대영제국(British Empire)을 이룩하며 세계사에 큰 족적을 남기게 된다. 투자자들은 부유한 상인들이나 귀족들이었지만 네덜란드와는 달리 영국 왕실의 투자는 거의 없었다. 17세기 이후 영국에는 동인도회사 외 많은 회사들이 설립되었지만 동인도회사처럼 영국역사에 영향을 미친 상업자본 조직은 없었다. 물론 1600년 설립 초기 동인도회사는 현대의 회사와 같은 체계를 갖추지는 못했다. 1602년 설립된 네덜란드 동인도, 서인도회사보다도 훨씬 조악한 구조를 가지고 있었다. 중요한 사실은 민간자본과 조직에 의한 영국이나 네덜란드의 해외진출 방식은 국가주도로 기독교 전파라는 명분과 교황의 지원을 받은 스페인과는 해외진출 방식에서 뚜렷한 차이가 있다는 것이다. 이들 회사는 투자자들이 투자를 한 후 사업이 종료되면 이익금을 투자액에 비례해서 배당금을 지불할 뿐더러 원금까지 돌려주는 일회성 상업 활동으로 영속성이 결여된 방식이었다. 현대의 주식회사와 같이 배당금만을 주주총회를 거쳐 분배하는 방식은 1657년 크롬웰 공화정시대이며 1702년에 가서야 주주총회(shareholders' meeting)가 열린다. 이후 동인도 회사의 주식은 영국인들에게 재산축적의 지름길이 되어 현대적 의

미에서 우량주(blue chip)가 되어 대영제국을 이룩하는데 주춧돌이 된다.[20]

특히 영국의 식민지 중에서 인도가 차지하는 위치는 특별했다. "역사란 위대한 인물의 전기에 불과하다"(History is nothing but the biography of the Great Man)란 말을 남긴 카알라일(Thomas Carlyle, 1795-1881)이 "셰익스피어를 인도와도 바꾸지 않겠다"[21]라고 피력했다면 이는 역설적으로 인도가 그만큼 보물과 같은 존재였다는 말과 같다. 그러나 인도가 국토면적이나 부존자원, 인구 면에서 대국이라는 측면만이 영국인들의 마음을 사로잡은 것은 결코 아니다. 인도는 17세기 영국인들에게 결코 문명인들의 삶의 모습으로 다가오지는 않았더라도 기원전 2000년 인류문명의 발생지인 인더스 강, 갠지스 강 지역을 비롯하여 1~4세기 쿠샨왕조(Kushan Empire, 불교), 16~19세기 중반 무굴제국(Mughal Empire, 이슬람교) 등 결코 서구 열강들이 무시할 수 없는 지적, 문화적 자산을 가지고 있었다. 이러한 색다른 문화를 접하면서 영국인들은 상상의 나래를 한껏 펼치며 1719년 다니엘 디포(Daniel Defoe, 1659-1731)의 『로빈슨 크루소(*Robinson Crusoe*)』나 1724년 조나단 스위프트(Jonathan Swift)의 『걸리버 여행기(*Gulliver's Travels*)』와 같은 소설이 등장하게 된다. 동인도 회사를 비롯한 민간 상업조직의 힘을 빌려 지구상 어디든 진출할 수 있다는 기대로 꿈에 부풀어있던 시대에 꿈에서나 그리던 동경의 나라가 뭇 사람들의 가슴을 설레게 했을 법하기 때문이다. 또한 자본주의가 싹 트기 시작하여 실제로 대니얼 디포는 당시 투기 대상으로 극성을 부리던 주식투자를 마다하지 않았던 것으로 알려져 있다.

그러나 가장 중요한 사실은 17세기 중반 이후 인도는 영국인들의 경제적 생명선(lifeline)이나 다름없었다는 것이다. 향신료, 차, 면직물, 견직물, 아편 무역을 하며 영국 경제성장을 강력하게 뒷받침 했을 뿐더러 17세기 중반 이후부터 동인도회사가 토

---

[20] 여기서 다시 우리 사회와 동인도회사의 악연을 살펴보자. 영국의 식민통치는 일본의 아시아 지배의 모델이 되어 동인도회사를 본떠 일본이 조선에 세운 것이 동양척식회사이다. 서울뿐만 아니라 대전, 부산, 목포 등에 지부를 세운바 있으며 현재 목포지부 동양척식회사 건물만이 온전히 남아 있다.

[21] 이 인용은 인용오류(misquote)로 밝혀지고 있다. 실제 Thomas Carlyle이 남긴 말은 "인도는 언젠가는 잃게 되겠지만, 셰익스피어는 사라지지 않을 것이며, 영원히 우리와 함께할 것이다"이다(Thomas Carlyle, *Heroes and Hero Worship*).

지 징세권을 차지하면서 엄청난 부를 영국에 가져다주면서 영국의 경제뿐만 아니라 정치, 사회에 큰 영향을 주었기 때문이다. nabob라는 인도에서 '신흥갑부'(nouveau riche), 즉 졸부, 벼락부자를 의미하는 호칭이 말해주듯 동인도회사의 일원으로 인도에서 부를 축적한 영국인 nabob 중에는 인도에서 부귀영화를 누리고 영국에 돌아가 하원(the House of Commons)에 진출하는 경우가 드물지 않아 동인도회사 간부가 되는 것은 출세를 보장하는 것과 다름없었다. 문제는 유권자들을 돈으로 매수하는 부패한 정치행태에 있었다.

영국보다 인구나 영토면적에서 수십 배에 달하는 인도를 영국 정부가 아닌 민간기업에 불과한 동인도회사에서 지배해 왔다는 것은 놀라운 사실이며 동인도회사를 통한 영국의 인도 지배는 1857년 인도 서북부 지방에서 반란군 제압과정에서 한계를 느껴 영국정부가 개입하면서 비로소 막을 내린다. 하지만 실상은 산업혁명(Industrial Revolution)의 여파로 이미 1813년 인도에 대한 무역독점권을 상실하면서 동인도회사는 가파른 쇠락의 길을 걷게 된다. 17세기 중반 이후 하향세를 보인 향신료 무역의 대안으로 등장한 인도산 면직물(cotton textiles) 대신 영국 국내에서 면직물을 대량생산하면서 인도산 면직물도 경쟁력을 잃는다. 이제 인도는 면직물 수출국이 아닌 수입국이 되면서 벵갈 지역의 다카(Dhaka, 현 방글라데시 수도)를 비롯한 인도의 면직물 산업은 하루아침에 붕괴된다. 이는 동인도회사의 기반을 심각하게 흔들리게 했으며 1833년 인도에 대한 대안으로 택했던 중국에 대한 차와 아편 무역독점권마저 상실하면서 동인도회사 몰락은 가속화된다.

18세기 후반 쿡(James Cook, 1728-79) 선장이 이끈 함대의 호주, 뉴질랜드와 남태평양 섬들의 발견과 더불어 영어의 확산은 남반구까지 이어지며 19세기 유럽 열강들의 이른바 '아프리카 쟁탈전'(Scramble for Africa) 과정과 남아프리카에서의 네덜란드와의 전쟁을 치르며 영어확산은 가속화된다. 영국이 17세기 후반 이래 식민지 경쟁에서 우위를 점할 수 있었던 이유 중에는 1687년 아이작 뉴턴(Isaac Newton, 1642-1727)의 과학이론[대표저서 『자연철학의 수학적 원리(*Mathematical Principle of Natural Science; Principia*』(Latin어 원제목)]과 1755년 와트(James Watt, 1746-1819)의 증기기관 발명, 1830년 스티븐슨(George Stephenson, 1781-1848)의 증기 기관차 등 산

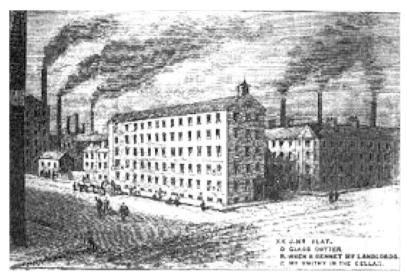

〈그림 8〉 1760년 영국 맨체스터 공장: 굴뚝연기는 석탄연료 증기기관 가동을 보여준다.
(http://sites.google.com)

업혁명의 선구자라는 점도 큰 역할을 했다. 여기에 못지않게 1776년 『국부론(*Wealth of Nations*)』에서 '보이지 않는 손'(invisible hand)의 역할을 필두로 시장경제(market-based economy)의 자유경쟁 체재를 주창한 아담 스미스(Adam Smith, 1723-1790)의 경제이론도 영국의 번영에 획기적인 역할을 하였다. 대양을 항해하는 데 동력을 활용하여 바람과 조류와 같은 자연에 의존한 항해에서의 우연성을 줄이고 항해속도와 소요시간을 예측할 수 있는 여행이 비로소 가능해진 것이다. 인력이 아닌 기계에 의존한 제품생산은 전례 없이 대량 생산이 가능하게 해주었으며 첨단기술을 이용한 무기제조기술에서 앞서기 시작하여 영국은 중국과의 무역마찰에서 발단이 된 아편전쟁(Opium Wars; 1840-1860)에서 중국을 누를 수 있었던 것은 영국의 전함은 이미 당시로서는 최첨단기술(state-of-the-art)인 증기기관(steam engine)을 장착한 철선(steel battleship)이었기에 가능했던 것이다.

〈그림 9〉 Adam Smith(Edinburg, Scotland): 동상 후면에 경제를 상징하는 농기구 쟁기가 보인다.

질문

2-1 15세기 중반 이후 동서양의 교역로는 비단길(Silk Road)이 아닌 바닷길이다. 그 원인을 설명해보자.

2-2 크리스토퍼 콜럼버스는 아시아에 이르기 위해 당시 사람들과 달리 반대방향을 택했다. 그 이유를 찾아보자.

2-3 영국과 네덜란드의 동인도회사와 서인도 회사가 오늘날의 회사와 공통점과 차이점을 찾아보자. 이와 더불어 영국/네덜란드와 스페인/포르투갈의 해외진출 방식의 차이를 알아보자. 일본이 조선에 세운 동양척식회사는 어떤 기관인지 연구해보자.

2-4 다음 영국출신 시인 Rudyard Kipling(1865-1936)의 '백인의 짐'(The White Man's Burden)을 읽고 100여 년 전 유럽식민지 개척자들의 가치관을 살펴보자.

The White Man's Burden

Take up the White Man's burden—
Send forth the best ye breed—
Go bind your sons to exile
To serve your captives' need;
To wait in heavy harness,
On fluttered folk and wild—
Your new-caught, sullen peoples,
Half-devil and half-child.

Take up the White Man's burden—
In patience to abide,
To veil the threat of terror

And check the show of pride;

By open speech and simple,

An hundred times made plain,

To seek another's profit,

And work another's gain.

2-5 본래 영국은 식민지 관리정책의 일환으로 영어는 소수 엘리트층에게만 가르치고 일반 서민들에게 기회를 허용하지 않았다. 그러나 20세기에 접어들면서 영국의 식민지 독립의 불가피성을 깨닫고 언어정책의 전환을 가져와 영어를 일반 대중들에게 확산시키고자 하였다. 영국의 이러한 의도가 무엇인지 생각해보자.

2-6 스페인이 세운 도시 예컨대 San Francisco, San Jos, San Antonio, San Diago(미국), Santiago(칠레), Santo Domingo(도미니카 공화국), San Juan(푸에르토리코) 등의 도시명칭에는 'San'으로 시작된다. 이러한 명칭이 스페인의 식민지정책과 어떤 관계가 있는지 고찰해보자.

Keywords

Aegean Sea

Aeneid

British East India Company

Columbus Day

Common Wealth of Nations

Crusades

Dutch East India Company

Dutch West India Company

England Civil War

Francis Drake

Francis Drake

French Guiana

Globe Theatre

Glorious Revolution

Guyana

Hendrik Hamel

Illiad

Inca Empire

invisible hand

Magellan's circumnavigation

Mediterranean

nabob

nutmeg

Odyssey

Opium Wars

Ottoman Turk

Philip II

Potosí

Principia

Queen Elizabeth I

Queen Isabella

Silk Road

Spanish Armada

Spice Route

Suriname

the Age of Discovery

the Battle of Calais

The Travels of Marco Polo

Trojan War

Ulysses

Vasco da Gama

미국학

3

미리보기 ▶▶

미국의 역사는 엘리자베스 여왕의 명을 받들어 개척한 Roanoke 식민지부터 시작된다. 실패로 끝난 이 식민지에 이어 구사일생으로 개척에 성공한 Jamestown 식민지는 미국남부 주들의 모체가 되는 등 미국 역사의 한 축을 이룬다. 반면 Plymouth 식민지는 종교적인 이유로 이주한 청교도들의 보금자리가 되어 매사추세츠 식민지와 합병하여 미국 독립에 큰 역할을 하는 등 미국 북부주의 대표이자 미국을 이끌어가는 선도적인 주자 역할을 하게 된다.

불완전하나마 1776년 미국은 독립을 선언하고 1787년에 연방헌법(federal constitution)을 제정하고 1789년에 대통령을 선출하여 비로소 독립국가 미국의 틀을 갖춘다. 영토 확장은 1803년 제퍼슨 대통령의 Louisiana Purchase, 1846년의 멕시코와의 전쟁, 스페인의 점령 하에 있던 태평양연안 지역 합병, 1867년 러시아로부터 알래스카 구입, 1880년대 오리건, 워싱턴 주, 1959년 하와이 병합으로 완성된다. 영토 확장과 Homestead Acts에 의한 서부 이주, 남북전쟁 후의 미국의 정서적 통일, 19세기 후반 지적 재산권 보호로 인한 에디슨의 전기를 비롯한 수많은 발명으로 번영을 구가하고 20세기 초 Theodore Roosevelt의 반트러스트(anti-trust) 정책, Dust Bowl로 대변되는 1930년대 Franklin Roosevelt의 대공황 극복 과정을 다룬다.

용광로(melting pot)로서 미국사회의 이민사, 인종차별, 짐크로 법(Jim Crow Law), 추수감사절(Thanksgiving Day), 대통령제로서 미국 정치제도, 민주당과 공화당의 이념적 차이, 수많은 기업왕(business magnate)의 출현을 가능하게 한 사회풍조 등을 살펴본다. 미국영어에 대해서는 Noah Webster의 역할, 미국영어와 영국영어의 표현, 어휘, 발음의 차이를 중심으로 살펴본다. 아울러 캐나다영어와 미국영어를 비교한다. 마지막으로 미국 이중언어 사용자들의 스페인어, 불어 사용실태를 살펴본다.

본 장의 구성은 다음과 같다.

3.1 미국의 역사

아메리카 대륙의 원주민들은 콜럼버스가 카리브 해에 도착한 이후 인도사람으로 오인하여 '인디언'이라 일컬어져 왔으나 인도와는 관계없는 시베리아에서 베링 해를 거쳐 이주해온 아시아계이다. 현재 멕시코 이북의 캐나다, 미국 지역에는 150여 개 원주민 언어가 존재한 것으로 확인되고 있으며 절반 이상은 사용자 1,000명 이하의 대부분 '위험에 처한 언어'(endangered language)로 분류되고 있으나 미국 남서부의 나바호(Navajo)족은 15만 명에 달하며 남동부의 체로키(Cherokee)족은 고유문자를 가지고 있을뿐더러 거주 지역에 영어와 체로키어 병기 도로표지판을 설치할 정도로 존재감을 드러내고 있다. 이러한 원주민들 영토에 백인들이 출현하게 되면서 본질적으로 충돌을 피할 수 없게 되었다. 1585년 영국인 최초로 북아메리카에 영구정착촌으로 건설한 노스캐롤라이나(North Carolina) 주 Roanoke 식민지는 엘리자베스 여왕이 자신의 총애하던 심복 월터 롤리(Walter Raleigh)를 보낼 정도로 공을 들인 결과이다. 이러한 시도는 2.4절에서 언급한 바와 같이 영국도 스페인과 같이 아메리카 대륙에 영토를 보유하고자 하는 염원에서 비롯된 것은 물론이다. 1585년 이전 스페인은 이미 카리브 해 지역, 멕시코를 비롯한 중남미와 남미 안데스 산맥 서쪽 해안지역을 이미 자신들의 영토로 만들었거나 세력 확장 중이었다. 영국으로서는 초조할 수밖에 없었는데 심혈을 기울였던 Roanoke 식민지는 애석하게도 실패하고 말았다. 후세 사람들은 이 식민지를 '잃어버린 식민지'(Lost Colony)라 부른다. 1585년은 1604년까지 이어진 영국과 스페인간의 깔래 전투(the Battle of Calais)가 시작된 해로 영국은 이들 식민지에 대한 보급품 수송(logistics)이나 관리에 소홀할 수밖에 없었다. 1587년 영국의 후속 식민주의자들이 이곳에 도착했을 때 108명에 달하는 정착민들은 종적을 감추고 Roanoke 식민지 영국인들의 것으로 보이는 두개골(skull) 하나만 발견할 수 있었다. 과학적 수사(forensics)가 전무했던 당시 정착민들이 사라진 원인에 대해서는 원주민들에 의한 살해 등의 추측만 난무할 뿐이다. 이처럼 영국의 최초의 북미 식민지 개척 시도는 결실을 맺지 못하고 불행히도 엘리자베스 여왕은 스페인과 같이 아메리카 대륙에 영국 영토를 구축하려는 뜻을 이루지 못하고 1603년 작고하고 만다.

엘리자베스 여왕에 이어 스코틀랜드 왕 제임스 1세(James I)가 왕위에 오르게 되는데 재위 4년 드디어 영국의 아메리카 최초의 정착촌인 제임스타운 식민지(정착촌)(Jamestown Colony, Settlement)가 버지니아 주 체사피크 만(Chesapeake Bay)에 세워지게 된다. 런던 버지니아회사(Virginia Company of London)에서 파견한 104명의 성인 남성과 어린이 1명을 태운 3척의 배가 닻을 내린 곳은 인디언들의 습격이나 식민지 개척의 경쟁자인 스페인, 프랑스, 네덜란드의 공격을 쉽게 피할 수 있는 작은 섬이었다.

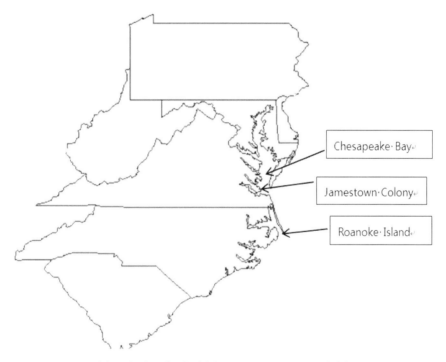

〈지도 11〉 영국 최초의 식민지: Roanoke, Jamestown 식민지

제임스타운 식민지는 Powhatan족 땅에 세운 것이어서 이들의 끊임없는 저항에 직면하여 끔찍한 살육을 당하기도 한다. 식민지 지도자였던 존 스미스(John Smith) 선장은 포로로 잡혀 원주민들로부터의 살해될 위험에 처했으나 족장의 딸 Pocahontas의

간청으로 생명을 부지한 일화(anecdote)도 있다. Pocahontas는 그 후 버뮤다(Burmuda)에서 담배 씨앗을 들여와 제임스타운 식민지에 최초의 수익을 안겨준 존 롤프(John Rolfe)의 부인이 되어 원주민들과 제임스타운 식민지와의 관계 개선에 일조한다. 그러나 1610년 가뭄으로 작황이 좋지 않게 되면서 식민주의자들과 원주민 사이 대대적 충돌 일어나 추가 파견된 식민주의자를 합하여 500여명으로 불어난 백인들 중 대부분 사망하고 50여명만 살아남는 참극이 빚어지게 된다.

〈그림 10〉 1607년 제임스타운 정박 함선 모형
(www.wikipedia.org)

1610년 참사를 겪고 본국으로부터의 보급선마저 풍랑으로 도착하지 않자 결국 이들은 제임스타운 식민지를 포기하기로 하고 아쉬운 귀국길에 오른다. 영원히 영국의 아메리카 대륙 식민지 개척은 일장춘몽이 될 순간이었다. 그러나 자포자기한 식민주의자들을 실은 배가 체사피크 만(Chesapeake Bay)을 빠져나가기 직전 기적과 같이 본국에서 보낸 3척의 보급선(supply ship)과 조우하면서 뱃머리를 돌려 제임스타운으로 돌아온다. 보급선으로부터 식량은 물론 의사, 기술자, 필요한 물자와 인적 충원이 이루어지면서 제임스타운 식민지 개척에 대한 실낱같은 꿈이 이어진다. 존 롤프의 담배재배 성공으로 1612년 최초로 담배를 수출하면서 고대하던 런던 버지니아회사의 수익을 확보한 사건은 제임스타운 개척에 투자한 투기꾼들에게는 더할 나위 없이 반가운 소식이었다. 영국인들이 오랫동안 갈망한 대로 스페인 못지않게 신대륙 식민지 개척이 점차 성공을 거두게 되면서 영국뿐만 아니라 독일, 네덜란드, 폴란드의 숙련 기술자들이 도착하고 담배농장의 부족한 노동력을 메우기 위해 1619년 최초의 아프리카 흑인 노예가 들어온다. 같은 해 제임스타운 식민지는 의회(House of Burgesses)를 구성하여 영국의 실질적 간섭 없이 자치(self-government)를 위한 입법 활동을 하는 등 순조로운 정착이 이루어진다. 한편 Powhatan 원주민들과의 긴장관계는 여전하여 1622년

347명의 백인들이 살해되는 학살극이 재현되지만 불어난 인구로 인해 식민지는 용케 잔존할 수 있었다. 제임스타운 식민지는 미국 역사에서 미국남부를 대표하는 버지니아 주로 발전하여 미국 역사의 한 줄기를 형성하며 남북전쟁 당시 노예해방에 반대하는 남부군을 대표하는 세력으로 성장한다.

제임스타운 정착촌이 뿌리를 내릴 무렵인 1620년 또 다른 102명의 영국인들이 신대륙으로 떠날 채비를 갖추고 있었다. 이들은 영국의 국교인 성공회(Church of England)[22]의 국교주의(Establishmentarianism)에 반기를 든 청교도(Puritan), 분리주의자(Separatist)로서 신앙이 이들 이주의 추동력이 된 특이한 경우이다. 반국교주의자들인 이들은 네덜란드로 이주했으나 네덜란드에 인접한 본국 국교도들의 계속된 박해와 현지 정착에 실패하여 결국 런던 버지니아회사의 도움을 요청한다. 런던 버지니아회사는 이들 청교도들에게 허드슨 강 입구에 정착을 허락하는 특허장(charter)[23]을 발부한다. 정착에 필요한 자금은 제임스타운 식민지와 마찬가지로 식민지에서 얻은 수익금으로 되갚는 조건하에 버지니아회사가 제공했다. 2척의 배가 함께 출발하려던 계획은 배 한 척에 심각한 문제가 발생하여 결국 메이플라워호(Mayflower) 한 척에 102명의 승객과 30명가량의 승무원이 승선한 채 출항한다. 그러나 66일 간의 항해 끝에 이들이 도착한 곳은 제임스타운 식민지도, 허드슨 강 입구도 아닌 매사추세츠 주 케이프 곶(Cape Cod)이며 정확히 말하면 현재의 프로빈스타운(Provincetown)으로 1620년 10월 21이었다. 서툰 항해술 때문에 뜻밖의 장소에 도달한 것이다. 도착 후 작은 쪽배를 이용, 한 달 가량 정착할 곳을 물색하던 중 현재의 매사추세츠 주 플

---

[22] Church of England를 성공회(聖公會) 중국어 번역은 사도신경(Creed of Apostles)의 한 구절인 holy (聖) catholic(公) church(會)를 번역한 것이다. 이러한 에두른 번역은 성공회가 영국에서 태동한 기독교의 한 교파이기는 하지만 국지적(local) 종교가 아닌 범세계적인 종교라는 것을 의도적으로 표출한 것이다. 『유토피아(Utopia, 1516)』를 저술한 Thomas More(1477-1535)는 Henry VIII의 고문관이자 당대 최고의 지성인이었다. 그가 형장의 이슬로 사라진 것도 바로 로마 가톨릭으로부터 영국교회를 분리하여 스스로 성공회의 수장으로 선포한 Henry VIII의 1544년 소위 수장령(Acts of Supremacy)에 반기를 들다 반역죄(treason)로 처형된 것이다.

[23] 특허장이 갖는 의미는 특정지역에 대한 독점 무역이나 통치권 부여를 의미한다. 식민지 주권은 국왕에 있는 반면 특허장 소지자는 실질적인 통치권을 갖는다. 조선시대 암행어사보다 훨씬 큰 권한을 부여 받았다.

리머쓰(Plymouth)에 닻을 내린다. 플리머쓰란 지명은 이들이 출발한 영국 남쪽 콘월(Cornwall) 지역의 항구 이름이다. 이들이 미국 땅에 첫 발을 내디딘 '플리머쓰 돌'(Plymouth Rock)에는 '1620'이라는 도착년도가 선명하게 아로새겨져 있다. 제임스타운 식민지 개척보다 미국인들이 플리머쓰 개척자들을 건국 시조(founding fathers) 중에서 순례자 조상(pilgrim fathers)으로 자랑스러워 하는 이유는 이들은 여타의 식민지 개척과는 다른 역사를 가지고 있기 때문이다. 자신들의 신앙을 지키기 위해 새로운 세계를 찾아 나선 이들이 정착한 플리머쓰 식민지는 성지(shrine)나 다름없었다. 기독교라는 공통분모를 가졌던 점에서 스페인인들의 신대륙 진출과 닮은 점이 있으나 로마 교황청의 지원을 받아 기독교를 중남미 원주민들에게 반강제로 주입시킨 스페인인들의 경우와 전혀 다르다. 자신의 신앙의 구현이나 완성을 지향했던 이들의 여정은 남다른 데가 있으며 이 정신적 유산은 오늘날까지 부지불식간에 미국인들의 가슴에 남아있다.

도착 후 얼마 지나지 않아 혹독한 뉴잉글랜드(New England) 지방의 겨울을 나면서 무려 102명 중 45명이 추위와 괴혈병(scurvy) 등으로 사망하여, 이듬해 인디언들로부터 습득한 작물재배법에 의해 거둔 첫 수확을 감사하는 훗날 추수감사절(Thanksgiving Day)의 기원이 된 잔치가 열릴 때 53명만이 참석할 수 있었다. 추수감사절은 1863년 에이브러햄 링컨 대통령에 의해 11월 마지막 목요일로 확정되어 공식 국경일로 선포되었다.

〈그림 11〉 Plymouth Rock 1620(www.wikipedia.org)

제임스타운 식민지에 백인들과 원주민들과 관계 개선에 기여한 Pocahontas가 있다면 플리머쓰 식민지에는 Squanto라는 이름을 가진 Patuxet족 출신의 원주민은 유창한 영어를 매개로 백인들과 원주민 사이를 이어주는 가교역할뿐만 아니라 작물 재배법을 알려주는 등 초기 정착민들에게는 구세주가 되어 주었다. 그는 영국 탐험가 토마스 헌트(Thomas Hunt)에게 납치되어 영국에서 5년을 보낸 후 스페인 사제(priest)들 노예생활을 하는 등 서양인들에게 이미 익숙한 사람이었다.

한때 50명까지 감소했던 플리머쓰 식민지는 1691년 매사추세츠 식민지와 합병될 무렵에는 인구가 7천명에 달할 정도로 성장한다. 제임스타운 식민지가 미국 남부주의 대표로 성장했듯이 플리머쓰 식민지는 미국 북부주의 대표 격이 되어 1773년 보스턴 차 사건(Boston Tea Party) 등 미국 역사의 주역을 담당하는 지역으로 변모한다. 제임스타운 식민지 시절부터 미국의 식민지들은 영국정부의 간섭을 거의 받지 않은 자치정부(self-government)라는 점이 스페인이나 프랑스 등의 식민지와 차별화된다. 여타 나라들과 달리 세금징수와 같은 주요 결정도 식민지 시민들 대표로 구성된 의회에서 결정하였다. 영국정부 파견 총독(governor)보다 의회의 권한이 더 막강했던 것은 1620년 메이플라워호가 신대륙에 도착 직전 선상에서 41명의 성인 남성들 간에 체결한 메이플라워 서약서(Mayflower Compact)에서 비롯된다. 이 서약서는 도착 즉시 다수결에 의한 정부수립, 공정한 법 집행, 제도 준수 등에 대한 내용을 담고 있어 미국 최초의 정치 협약서로 인정되고 있다. 오늘날 미국 사회가 자랑하는 시민들의 능동적 자주적 의사결정을 위한 타운회의(town meeting, town hall meeting, townhall) 전통이 여기서 비롯된 것이다.

17세기 제임스타운과 플리머쓰 식민지에서 시작한 북미대륙의 역사는 점차 새로운 식민지를 북미주 대서양연안을 따라 연이어 개척하면서 식민지는 주(State)로 변신한다. 1776년 13개주에 달하는 등 세력 면에서 한 국가로서의 품격을 갖추어 연합국가로서 미국 독립을 선언한다. 영국으로부터 분리 독립운동의 계기는 1763년부터 1774년까지의 영국이 부과한 과도한 세금이었다. 영국은 이른바 7년 전쟁(Seven Years' War; 1756-1763)을 통해 스페인으로부터 미시시피 동부지역의 프랑스 영토와 플로리다를 얻어내지만 막대한 재정손실을 감당하자 못하자 이를 인지 조례(1765

Stamp Act), 타운센드 조례(1767 Townshend Act) 등의 미국 식민지 세금으로 벌충하고자 했다. 여기에 맞서 식민주의자들은 "대표 없는 세금 없다"(No taxation without representatives) 주장하였다. 영국의 세금 징수는 미국 식민지 정부의 근본정신인 자치(self-government) 정신을 자극하면서 미국의 독립운동을 촉발시킨다. 당시 토마스 페인(Thomas Paine, 1737-1809)의 소책자(pamphlet) 『상식(*Common Sense*)』은 미국 독립 분위기 고조에 한몫했다. 영국은 미국 식민지 저항이 거세지자 대규모 군대를 파견하여 1775년부터 8년간 George Washington(1732-1799)이 이끄는 미국 민병대(militia)와 치열한 접전 끝에 결국 미국 독립을 인정한다. 미국 독립이 가능하게 한 프랑스의 공로는 비교적 잘 알려지지 않은 사실이다. 7년 전쟁에 패해 영국에 많은 영토를 잃은 프랑스는 새로운 독립국가 편을 들어 영국의 세를 꺾고자 한 것이다.

토마스 제퍼슨(Thomas Jefferson, 1742-1826)이 기초(draft)하고 대륙회의(Continental Congress) 56명의 대표가 서명한 미국 독립선언서(Declaration of Independence)는 국민주권을 강조한 인류 최초의 문서로서 그 후 세계 국가들의 독립선언서 작성에 큰 영향을 준다.

> 우리는 다음 사항은 자명한 것으로 믿습니다. 만민은 평등하게 태어났으며 창조주께서 양도할 수 없는 권리를 주셨습니다. 이 권리에는 생명, 자유, 행복추구권이 있습니다.
>
> We hold these truths to be self-evident; all men are created equal, that they are endowed by their Creator with certain unalienable Rights, that among these are Life, Liberty, and the pursuit of Happiness.

미국 독립선언서에 담겨 있는 정신은 링컨 대통령의 통치철학이 되었으며 John F. Kennedy, Ronald Reagan, George W. Bush, Barack Obama 대통령 등 역대 미국대통령 취임연설에도 어김없이 인용되고 있다. 이러한 영국으로부터의 분리를 의미하는 미국의 독립선언을 영국으로서는 선뜻 받아들일 수가 없었다. 초기 식민지 개척과정에서 영국인들의 희생이 결코 대수롭게 보아 넘기기에는 너무나 컸기 때문이다. 그래서 1775년부터 1783년까지 무려 8년간의 미국독립전쟁(American Revolutionary War)을 치르고 1783년 파리조약을 맺으면서 미국의 독립을 공식적으로 인정하게 되었다. 조지 워싱턴을 대통령으로 앞세운 인류 역사상 전대미문의 대통령 중심 정치제도 실험은 1789년에 가서야 이루어진다.

〈그림 12〉 Boston Freedom Trail(www.thefreedomtrail.org)

미국 독립 후 미국 역사에서 빼놓을 수 없는 사건이 1803년 일어난다. 미국의 제3대 대통령(1801-1809)인 토마스 제퍼슨은 프랑스로부터 미시시피 강 서부지역이며 15개 주에 걸쳐있는 광대한 영토를 구입한다. 루이지애나 구매(Louisiana Purchase)라 불리는 사건이다. 구매 금액은 1,500만 불(2014년 화폐가치로 2억 4천 만 불)로 1에이커(대략 1,000평)에 한화 500원을 지불한 헐값이었다. 당시 프랑스는 나폴레옹(Napoleon Bonaparte; 재위 1804-15)이 1789년 프랑스 혁명으로 왕정 중단 후 프랑스 정치의 실력자로 떠올라 결국 왕좌에 앉은 시기이다.[24] 프랑스는 유럽에서의 나폴레옹 전쟁(Napoleon War, 1803-1815)과 프랑스령 아이티(Haiti)의 반란 등 안팎으로 산적한 문제로 인해 이 지역을 미국에게 양도(cession)한 것이다. 스페인과 프랑스가

---

[24] 나폴레옹과 동시대의 인물인 독일의 베토벤(Ludwig van Beethoven, 1770-1827)은 제3번 교향곡 영웅(Eroica)을 나폴레옹에게 바치기로 했으나 그가 민주주의와 반군주적(anti-monarchy) 이상을 실현해 줄 것이라는 기대를 저버리고 황제로 군림하자 이를 철회한다. 톨스토이(Leo Tolstoy 1828-1910) 소설 『전쟁과 평화(War and Peace)』는 나폴레옹 전쟁을 소재로 하고 있다.

이 지역의 패권을 번갈아가며 차지하다 프랑스는 스페인보다는 새로운 나라 미국이 주인이 되기 원했기 때문이기도 하다. 루이지애나 구매로 인해 미국은 대서양연안에서 로키산맥(the Rocky Mountains)에 이르는 광대한 영토를 확보하게 되며 미국 역사에서 토마스 제퍼슨은 독립선언서를 기초했을 뿐만 아니라 영토 확장 면에서 지대한 공헌을 한 것이다. 루이지애나 구매를 통해 얻은 미국 영토는 프랑스가 스페인으로부터 양도받은 직후 루이지애나 주 뉴올리언즈(New Orleans)에서 양측이 서명한 후 공식화 되었다. 그러나 이번에는 영국이 이 지역의 주권을 주장하였는데 영국은 후에 미국 7대 대통령에 오른 앤드류 잭슨(Andrew Jackson, 1767-1845)이 이끄는 미국 민병대(militia)와 뉴올리언즈 전투에서 패한 후 비로소 물러난다. 앤드류 잭슨은 그 후에도 플로리다 지역을 스페인으로부터 빼앗는 전과를 올리면서 국민적 영웅으로 떠오른다.

〈지도 12〉 1776년 미국 독립 당시 13개주(https://www.ducksters.com)

〈지도 13〉 1803년 Louisiana Purchase
(http://www.american-historama.org/1841-1850-westward-expansion/westward-expansion.htm)

이제 미국이 서부 태평양연안에 이르는데 장애물은 스페인이 장악한 캘리포니아, 텍사스, 뉴멕시코, 애리조나, 네바다, 유타 주 등이 속한 지역과 최북서부 오리건 지역이 남아 있을 따름이다. 이미 스페인이 차지한 리오그란데 강(Leo Grande) 남부의 멕시코를 포함하여 뉴스페인(New Spain; Nueva España) 영토였던 지역은 1821년 멕시코가 스페인으로부터 독립하면서 균열되기 시작하였다. 텍사스는 루이지애나 구매 당시에도 미국과 스페인의 영토 분쟁이 있었으며 1821년 멕시코 독립 당시에는 멕시코의 영토가 된다. 그러나 1836년 이후 공화국으로 독립국가가 된다. 멕시코와 미국의 영토분쟁은 미국의 1845년 텍사스 합병이 빌미가 되어 1846년 미국-멕시코 전쟁(Mexican-American War, US-Mexican War)이 발발하면서 시작된다. 이 전쟁을 치르는 동안 미국은 뉴멕시코와 캘리포니아 지역 전역을 장악하여 1850년 캘리포니아는 미국의 주로 귀속된다. 1848년부터 1855년까지 캘리포니아 주를 남북으로 가로지르는 시에라 네바다(Sierra Nevada) 산맥 북부지역 금광 발견으로 미국뿐이 아니라 중국인들을 포함한 전 세계인들이 몰려들어 이른바 골드러시(Gold Rush)가 일어나 샌프란시스코는 미국 태평양연안의 주요 무역항으로 급부상하게 된다.[25] 곧이어 발발한 남북전쟁(American Civil War, 1861-5)에서 캘리포니아는 병력 대신 물자 제공을 하면서 전쟁 개입에 대해 매우 신중한 태도를 보인 바 있다. 흥미로운 사실은 스페인, 멕시코, 독립국가, 미국 영토 등 수차례 국적이 바뀐 미국 텍사스 주의 경우 수세대에 걸쳐 살아온 스페인계 미국인들 중에는 영어를 전혀 사용하지 않는 사례가 드물지 않다.

〈그림 13〉 Mt Rushmore 대통령 조각상: 1927년부터 14년 공사 끝에 완공
왼쪽부터 조지 워싱턴, 토마스 제퍼슨, 씨오도어 루즈벨트, 에이브러햄 링컨(www.wikipedia.org)

Oregon Territory라 불리던 북서부 지역은 영국과 미국의 영토 분쟁을 거친 후 1859년 현재 오리건 준주 해당지역을 주로 승격하고 1889년에 워싱턴 주 해당지역이 주로 승격함으로써 오늘날의 미국 영토의 큰 밑그림이 그려지게 된다. 1867년 러시아로부터 720만 불에 구입한 알래스카는 1959년 미국의 49번째 주[26]가 되며 같은 해 전통적인 왕국 하와이가 합병되면서 마지막 50번째 주가 된다.

---

25 캘리포니아 골드러시로 30만여 명이 황금을 찾아 몰려들었으며 채굴방식은 지하굴착방식이 아닌 사금채취가 많았다. 다시 말해 모래나 자갈과 섞여 휩쓸려오는 황금침전물을 물줄기를 이용 걸러내는 것이다. 샌프란시스코 미식축구팀의 명칭 '49ers'는 1949년 골드러시를 상징한 것이다.

26 러시아와의 영토 거래과정에서 미국은 남북전쟁, 링컨 대통령의 사망 등의 악재를 만나 지지부진하던 것이 1867년 당시 국무장관 윌리엄 수어드(William H. Seward, 1801-1869)에 의해 타결되었다. 한때 미국인들은 이 거래를 두고 '수어드 바보짓'(Seward Folly)이라고 조롱하기도 했다.

이상 미국의 영토가 Roanoke 식민지 개척에서 시작하여 구매, 조약, 전쟁, 강제 합병 과정을 거쳐 완성되는 과정을 살펴보았다. 그러나 영토 확장으로 한 국가가 완성되는 것이 아니라는 사실은 곧 이어 발발하는 미국 남북전쟁을 보면 확연해진다. 미국의 역사를 면밀히 살펴보면 남부와 북부의 대립양상은 영국의 식민지 개척시대까지 거슬러 올라간다. 우선 먼저 정착한 제임스타운 식민지에서 뻗어나간 남부지역은 아프리카 노예들을 이용한 '백색의 황금'(White Gold)라 불렸던 면화를 비롯하여 담배, 벼농사를 수입 작물(cash crop)로 삼는 등 농업에 의존한 반면 플리머쓰 식민지가 모체가 된 북부지방은 상공업에 의존하는 상반된 양상을 보였다.

〈그림 14〉 오리건 트레일 포장마차 행렬(www.oregontrailcenter.org)

미국인들의 서부 진출은 1862년 링컨 대통령이 서명한 자작농 조례(Homestead Acts)에 의해 본격화된다. 21세 이상 성인 가장(breadwinner)으로서 농사를 지을 사람들에게 10달러 등기세(register tax)만 내면 160에이커의 땅을 무상으로 제공하고 5년 후 토지소유권을 인정해주는 정책이다. 이러한 미국정부의 서부개척 장려로 전쟁 피난민을 연상케 하며 남부여대(男負女戴)하고 보다 나은 삶을 찾아 떠나는 포장마차(covered wagon) 행렬이 서부로 가는 길을 가득 메우게 된다. 미시시피 강 지류인 미주리 강(Missouri River)에 면한 미국 중서부(Midwest) 미주리 주 Independence는 서북부로 가는 오리건 트레일(Oregon Trail)과 서남부로 가는 산타페 트레일(Santa Fe Trail)이 시작되는 곳이다. 이곳에서 미시시피 강을 이용 미국 각지에서 몰려든 개척자들이 소, 말, 포장마차를 구입해 수개월이 걸리는 험난한 여정을 떠났다. 서부로 가는 포장마차 행렬은 1880년 뉴멕시코 주 Santa Fe까지 철도가 놓이기까지 서부개척 역사의 주요한 장을 장식한다. 이러한 이주 정책 결과 미국 서부는 황무지에서 곡물창고로 변모하고 미국인들에게 모험정신을 키워주어 스스로 노력하며 꿈을 이루는 개척정신(frontier spirit, pioneer spirit)을 촉발시켰다.

〈지도 14〉 서부개척 주요 통로
(https://worldview.stratfor.com/article/geopolitics-united-states-part-1-inevitable-empire)

　　미국 독립 당시 활약한 인물 중 북부의 상공업 정책을 지지한 알렉산더 해밀턴(Alexander Hamilton, 1755-1804)이 대표적이며 남부의 농업 중심의 미국의 장래를 내다본 인물 중 대표가 토마스 제퍼슨(Thomas Jefferson, 1743-1826)[27]이다. 전자는 청교

---

[27] 미국은행(Bank of America)의 설립자이며 Washington 초대 정부 재무부장관을 지난 알렉산더 해밀턴과 제퍼슨 정부의 부통령 Aaron Burr간의 결투(duel)는 이러한 일련의 갈등이 표출된 것이며 불행히

도 정신(puritanism)을 중시한 반면 후자는 신앙에 큰 의미를 부여하지 않고 신정분리정책(separation of church and state)을 지지한 면에서 차별화된다. 노예제도(slavery) 폐지 여부가 남북대결의 관건이었던 것은 잘 알려져 있다. 잘 알려져 있지 않은 사실은 상공업 입국을 주창한 북부 주의 경우 노예제도를 폐지하기보다는 확산방지를 주장했다는 것이다. 링컨 대통령도 예외가 아니었으며 노예제도를 찬성한 제퍼슨 자신은 30여명의 노예를 거느린 것으로 알려져 있다. 제퍼슨은 대통령직 퇴임 후 버지니아 고향에 돌아가 버지니아 대학(University of Virginia-the Rotunda)[28]을 세울 정도로 남부에 대한 애착이 강했다. 언뜻 보아도 자유와 평등을 기조로 한 미국 독립선언서에 노예제도에 언급이 없다는 것은 모순이 아닐 수 없는데 이러한 잠재된 모순이 폭발한 것이 미국의 남북전쟁이다.

노예제도가 논란의 대상이 되자 1861년 남부 7개주가 미국연방에서 탈퇴(secession)하면서 갈등이 시작되는데 이들은 Confederacy라 부르는 연방체가 되어 미국의 나머지 주와는 별개의 국가를 구성하려는 움직임을 보이며 연방을 탈퇴한 주가 최대 11개 주까지 확대되는 상황으로 번진다. 이에 북부 주들은 Union이라는 동맹체를 결성하여 서로 간의 유대(solidarity)를 강화하면서 미국이 두 쪽이 날 위기에 처하게 된다. 5년간의 전쟁은 철도, 전보, 증기선, 공장에서 대량 생산된 무기를 사용한 인류 최초의 전쟁으로 기록된 반면 62만 명의 군인이 사망하고 전쟁의 종지부를 찍게 되는 펜실베니아 주 게티즈버그(Gettysburg) 단일 전투에서만 8천명이 전사한다.

도 해밀턴은 이 결투에서 Burr의 총격으로 49세의 젊은 나이에 사망하고 Burr는 공직자로서 치명적인 오명(infamy)을 남기게 된다. 해밀턴은 미국 10달러, 제퍼슨은 2달러 지폐의 인물로 올라왔다.

[28] rotunda가 보통명사로 사용될 때 의미는 돔(dome) 형태의 높은 지붕을 갖춘 건물 구조를 말하며 예컨대, 미국 국회의사당(Capitol Hill), 로마 교황청 성 피터 대성당(St. Peter's Basilica), 이스탄불 성 소피아성당(St. Sophia's Cathedral), 이탈리아 피렌체 성당(Florence Cathedral), 런던 세인트폴성당(St. Paul Cathedral) 등의 건축물이 대표적이다.

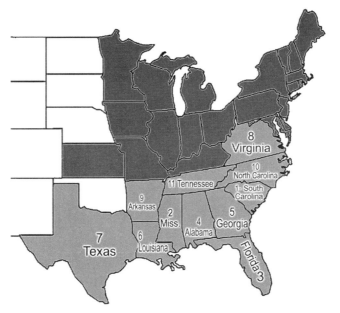

<지도 15> 남북전쟁 당시 북군(Unionists)과 남군(Confederalists) 11개주(https://pinterest.co.kr)

<그림 15> 영화 〈탐 소여의 모험〉
(www.barnesandnoble.com)

남북전쟁의 험난한 고비를 넘긴 미국인들의 삶의 모습은 미시시피 강을 중심으로 일어나는 미국적 분위기를 그린 마크 트웨인(Mark Twain, 1845-1910)의 『탐 소여의 모험』(*The Adventures of Tom Sawyer*, 1876), 『허클베리 핀의 모험』(*The Adventures of Huckleberry Finn*, 1885)에 나타나 있다. 이 소설에 등장하는 주인공 탐 소여나 허클베리 핀은 부모도 없이 이모와 한 미망인이 키우는 아이들로 모범생과는 거리가 멀다. 학교공부에 거의 관심이 없고 말썽꾸러기들(pranksters)의 이야기로서 마크 트웨인 작가 자신이 밝힌 바와 같이 교훈적 주제를 담은 소설이 아님에도 불구하고 독자들의 심금을 울린다. 미시시피 강을 오가는 증기선(steam boat)을 배경으로 한 젊고 야성적이며 발랄하며 꾸밈이 없는 장면은 미국적인 분위기를 전달하기에 충실하고 기존의 고정관념과 사회적 통념을 과감하게 뛰어넘고 있다. 담장에 페인트칠을 하고 있는 주인공 탐 소여의 모습은 미국의 정신기조 중에 하나인 '스스로 하기'(DIY, Do It Yourself)의 전형이다. 자동차나 집수리를 스스로 하는(hands-on) 미국 서민들의 소박한 삶의 일면을 보여주고 있다.

1869년에는 동부 뉴욕에서 서부 샌프란시스코를 연결하는 대륙횡단철도가 개통되어 유타(Utah) 주의 Promontory Summit에서 개통식을 갖는다. 철도연결은 미국의 물리적 통일뿐만 아니라 정서적, 심리적 통일에 영향을 준 것으로 보인다. 이 난공사에 쿨리(coolie)라는 경멸적 명칭으로 불리던 중국인 노동자들이 1만 여명 투입된다.

〈그림 16〉 1869년 대륙횡단철도(https://interactive.wttw.com)

1860년 이후 미국은 유럽을 추월하며 세계 강대국으로 성장하며 19세기 후반 토머스 에디슨(Thomas Edison, 1847-1931)의 전기 발명으로 동력이 영국의 산업혁명의 주역인 증기기관에서 전기로 대체하면서 제2의 산업혁명(the 2nd Industrial Revolution)을 이룩하며 거침없는 번영을 구가한다. 이러한 뛰어난 발명가와 기업인들이 속출한 이유 중의 하나는 미국 헌법에 명시된 특허권에 대한 조항이 발명기술과 저작 활동에 대한 지적 재산권(Intellectual property right)을 보호해 주었기 때문이다. 특허권법(patent law)은 16세기에 이미 영국에서 먼저 입안되었으나 본격적으로 시행이 된 것은 19세기 미국이다. 에디슨은 1,000개가 넘는 특허권을 가져 미국뿐만 아니라 전 세계로부터 막대한 특허 수입을 거둬들인다.

　　1898년 스페인과의 전쟁으로 괌(Guam), 푸에르토리코(Puerto Rico), 필리핀을 차지한 미국은 제1차 세계대전에 중립을 지켰으나 자국 독일 이민자들에 대한 독일군 징집, 독일 군함의 영국 여객선 격침 등이 도화선이 되어 제1차 세계대전 막판인 1917년 참전하여 11만 명의 목숨을 잃지만 전후 군사. 외교 면에서 강대국의 반열에 오른다. 1920년대 번영을 구가하던 미국은 1929년부터 1930년 후반까지 지속된 대공황(the Great Panic, Great Depression)으로 인해 경제적, 사회적 곤경에 처한다. 1929년 1,040억불의 GDP가 1932년 540억불로 떨어지고 7천만 인구 중 1,700백만 실업자(jobless), 200백만 노숙인(homeless)이 거리를 헤맸다. 이때 "우리가 두려워할 유일한 것은 두려움 자체다"(The only thing that we have to fear is fear itself)라는 말을 남긴 프랭클린 루즈벨트(Franklin D. Roosevelt, 재위 1933-1945)는 민간 기업에 맡겨왔던 전력생산, 홍수조절, 항해, 비료생산 등에 정부개입을 강력히 추진하고 TVA(Tennessee Valley Authority)라는 정부기구를 만들어 테네시 강 일대에 20개의 댐을 새로 건설하고 5개 댐을 보수하는 등 정부 주도의 경제정책을 통하여 극복한 바 있다. 미국의 사회보장(social security), 사회 복지(social welfare), 최저 임금(minimum wage) 제도도 이때 구축된다. 이러한 공로로 그는 미국 역사상 전후 무후한 4선 대통령이 될 수 있었다. 이러한 1920년대 암운이 드리운 미국사회에서 희망의 구세주로 Walter Disney(1901-1966)가 등장한다. 백설공주(Snow White and Seven Dwarfs, 1937), 피노키오(Pinocchio, 1940), 신데렐라(Cinderella, 1950) 등의 애니메이션(animation) 영화를 비롯하여 Mickey Mouse를 앞세운 Disneyland(1950), Disney World(1965) 주제공원(theme park)을 세워 미국인들을 비롯한 전 인류의 정신적 자산을 풍성하게 하는데 일조한다. 최근에는 해리 포터 마법공원(Wizarding World of Harry Potter)도 등장하여 참신성을 더해주고 있다.

〈그림 17〉 Wizarding World of Harry Potter(Orlando, Florida)
(https://www.cnn.com/travel/article/wizarding-world-of-harry-potter-universal-orlando)

1930년대는 '먼지 사발'(Dust Bowl) 또는 '지저분한 1930년대'(Dirty Thirties)라는 말이 있다. 미국 중부지역의 초원지대 프레리(prairie) 지역을 개발하여 곡창지대로 만든 기계화된 농업으로 자연 상태계가 파괴되어 흙먼지만 자욱이 날리던 당시의 대평원을 표현한 것이다. 농지 개간으로 가뭄에도 습기를 머금고 흙을 덮은 풀들이 사라지면서 중국 내몽고의 사막에서 불어오는 황사(yellow dust)와 마찬가지로 바람이 불면 표토(top soil)가 공중에 떠올라 미세먼지(fine dust)로 돌변하여 멀리 동부해안까지 날아가곤 하였다. 특히 오클라호마, 텍사스, 뉴멕시코 지역이 심하여 농사를 포기하고 떠나는 농민들이 속출한다. 이러한 모습은 존 스타인벡(John Steinbeck, 1902-68)의 『분노의 포도(the Grapes of Wrath)』에 생생하게 묘사되어 있다. 오클라호마(Oklahoma)주에 살던 주인공 가족은 흙먼지만 자욱이 날리는 농토에서 더 이상 농사를 지을 수 없어 과일 따기 일자리 전단지(flyer, bill)를 보고 전 가족이 고물 트럭에 가재도구를 꾸려 길을 떠나 겪는 숱한 삶의 애환을 묘사한 것이다. 이 소설에는 시카고에서 로스앤젤리스로 이어지는 66번 국도(US Route 66; Will Rogers Highway; Main Street of America)가 등장하는데 이 길은 미국 고속도로망이 세워지기 전 1926년부터 미국인들과 희로애락을 함께하여 대중가요 'Get Your Kicks'와 TV 쇼 'Route

66'의 소재가 되었으며 최근 미국 역사길(National Historic Trail)로 지정하려는 움직임이 일고 있다.

〈그림 18〉 영화 〈분노의 포도〉(www.theshanecenter.org)

제2차 세계대전(1941-5)에도 제1차 세계대전 때와 마찬가지로 미국은 중립을 지켰으나 1941년 일본의 하와이 진주만(Pearl Harbor) 공격을 계기로 참전하게 된다. 파죽지세로 몰아붙이는 독일군의 공세에 고전하던 연합군은 영국의 수학자 앨런 튜링(Alan Turing, 1912-1954)[29]이 독일군 암호해독(code-breaking, decryption)에 성공하면서 독일군 공격의 예봉을 꺾는데 실마리를 찾는다.

---

[29] 현대 컴퓨터의 창시자로 제2차 세계대전 당시 영국 해군의 암호해독 장교(cipher officer)로 일하면서 큰 업적을 세웠으나 군사기밀로서 그의 업적은 비밀에 붙여왔기 때문에 잘 알려져 있지 않았다. 다행히 2014년 개봉된 영화 〈Imitation Game〉으로 그의 업적이 비로소 대중들에게 알려지게 되었다. 영화 제목은 그의 논문 제목에서 따온 것이다. 한편 루마니아 작가 게오르규(Virgil Gheorghui, 1916-1992)의 소설 『25시(the 25th Hour, 1949)』는 제2차 세계대전 전후 8년간 유태인수용소, 독일군 러시아, 미국 점령군들에 짓밟히며 기구한 운명의 장난에 제물이 된 주인공 Johann Moritz를 통해 1940년대 인간의 가혹한 시련을 그리고 있다. 영어에서 25시란 "너무 늦은 시간"의 의미이다: He is in his 25th hour(어떤 일을 하기에 너무 늦었다).

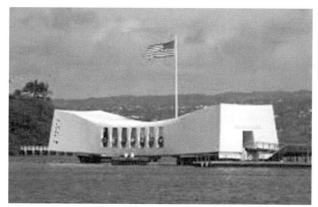

〈그림 19〉 진주만 전쟁기념관: 침몰한 전함 위에 세워져 있다. (www.wikipedia.org)

미국의 일본 본토(mainland) 공습이나 수차례 태평양해전에서의 패배에도 불구하고 좀처럼 항복하지 않는 일본은 결국 1945년 8월 히로시마, 나가사키에 2차례에 걸친 미국의 원자폭탄 투하로 항복하고 만다.

〈그림 20〉 1945년 일본 히로시마 원폭 투하 폭격기(www.sheg.stanford.edu)

48개 미국의 주들을 종횡으로 누비는 미국의 고속도로망은 1956년 드와이트 아이젠하워(Dwight D. Eisenhower, 1890-1969) 대통령이 서명한 연방보조 고속도로 조례(Federal Aid Highway Act)에 의해 본격화되었다. 1920년대 포드시스템에 의한 자동차(Model-T 1908-1927) 대량생산과 대중화로 인해 도로 건설의 필요성이 제기되었다. 1940년대 제2차 세계대전을 겪으면서 연합군사령관을 지낸 아이젠하워는 이미 건설되었거나 건설 중인 독일의 고속도로 아우토반(Autobahn)이 물적, 인적 수송에서 매우 효율적임에 영향을 받아 이 계획을 강력하게 추진한 것이다. 결과적으로 미국의 고속도로는 흔히 인체의 신경망(neural network)이나 혈관(blood vessel)에 비유하듯이 미국 방방곳곳을 연결해 주는 교통망의 핵심을 이루고 있으며 Interstate라 불리는 고속도로는 주마다 속도제한이나 요금징수 방식에 차이가 있다.

〈지도 16〉 미국 고속도로망(Interstate Highway System)(www.futurewire.blogspot.kr)

3.2. 미국의 사회와 종교

흔히 1908년 뉴욕에서 초연된 이스라엘 장윌(Israel Zangwill)의 연극 〈용광로〉(The Melting Pot) 이래 미국사회를 용광로에 비유하고 있다. 각종 광물질이 뜨거운 용광로에 들어가 녹아내려 하나로 합쳐지듯 이질적인(heterogeneous) 사회가 동질적인(homogeneous) 사회가 된다는 의미이다. 세계 각지에서 몰려든 인종의 전시장 미국사회가 단일 문화권으로 재탄생 하게 됨을 뜻한다. 다문화주의(multiculturalism, cultural mosaic)를 의미하는 샐러드 사발(Salad Bowl)과는 정반대의 의미로 용광로 비유는 함축하는 바가 크다. 연극의 내용은 다음과 같다. 러시아 유태인 이민자 출신 주인공은 자신의 전 가족이 1903년 러시아 유대인 학살사건 Kishinev Pogrom에서 희생당한 악몽 같은 과거에서 벗어나고자 미국에 건너가 작곡

〈그림 21〉 연극 〈용광로〉(Melting Pot) 팸플릿(1908)
(www.wikipedia.org)

가로 활약하며 같은 러시아 출신 이민자 여성과 사랑에 빠진다. 그러나 나중에 알고 보니 이 여성은 자신의 부모 학살사건을 맡은 러시아 장교 딸임을 깨닫고 결별을 선언한다. 하지만 재회하여 인종과 이념의 벽을 뛰어 서로를 받아들이는 내용으로 끝을 맺는다. 작가 이스라엘 장월 자신이 유태인으로 세계 어디를 가든지 유태인에 대한 편견을 피할 수 없지만 미국만큼은 국적, 신분, 인종, 이념, 성별에 관계없이 마치 '언덕 위에 산성'(a city upon a hill)[30] 세우기를 염원하듯 미국이야말로 지구상의 유일한 유토피아가 되기를 바라는 간절한 소망이 담겨있다. 그러나 반론도 제기할 수 있다. 다문화주의 입장에서 볼 때 미국에 이주한 수많은 인종들은 자신들의 고유문화는 고국을 떠남과 동시에 모든 것을 뒤로 한다는 의미가 되어 쉽사리 수용하기 어려울 수도 있다. 마치 검은색과 흰색, 노란색 조약돌로 인체모형을 만들어 놓은 모자이크와 같이 여러 구성원들이 모여 전체를 이루되 본래 구성원들의 정체성은 남아 있다고 볼 수도 있기 때문이다. 언어, 이념, 종교 등은 미국 이주 후 바꿀 수 있지만 피부 색깔만큼은 바꾸기 어려워 피부색깔로 인한 인종차별문제는 미국사회 뿐만 아니라 전 인류의 과제로 남아 있다는 점을 상기할 필요가 있다. 백인의 신체조건을 갖춘 유태인들은 이러한 면에서 불이익이 없었기 때문에 용광로 비유가 가지고 있는 한계를 인지하지 못했는지도 모른다.

---

[30] 성경 마태복음 5장 14절 "너희들은 세상의 빛이니라. 언덕 위의 세운 산성은 가려질 수 없느니라"(You are the light of the world. A city that is set on a hill cannot be hidden)에서 인용한 것으로 미국 정치인들이 자주 인용하는 구절이다.

〈그림 22〉 미국 이민자들: 1902년 뉴욕 Ellis Island에 도착한 이민자들과 1909년 폴란드 이민자 농민 가족
(www.wikipedia.org)

미국은 다른 국가들과 마찬가지로 이민자들에 대한 인종차별이 심하여 1965년까지 유럽 외 출신 이민자들은 국가별로 허용 인원을 할당하여 제한하였다. 따라서 아시아, 아프리카, 중남미 이주자들은 대부분 1965년 비유럽권 종량제(quota system)가 철폐된 이후 들어온 사람들이다. 다시 말해 20세기 중반까지 〈그림 22〉의 이민자행렬에 유색인종들은 좀처럼 끼일 수 없었던 것이다.

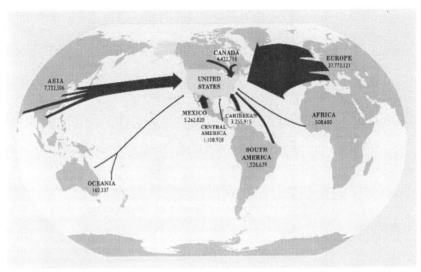

Sources of U.S. Immigration, 1820-1995

〈지도 17〉 1820~1995년 미국 이민자들(www.academic.evergreen.edu)

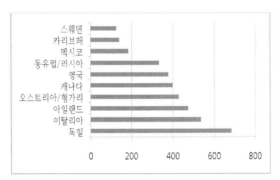

〈그래프 5〉 국가별 미국 이민자 수(단위: 백만)(2000년 미국 인구 조사국 자료)

  1990년대까지 출신 대륙 기준에서 볼 때 유럽이 4천만 명 가량으로 가장 많고 중
남미 1천만 명, 아시아 8백만 명 순이다. 아시아의 인구 대비 이민자가 지극히 적은
이유는 바로 1965년까지의 비유럽권 국가들에게 적용한 이민 종량제 때문이다. 아시
아 국가 중 가장 경계한 나라는 중국이며 이민 종량제 법안이 입법화 된 이유도 사
실상 중국인 유입을 차단할 목적이었다. 아일랜드의 경우 본국인 절반이 이주한 것
과 매우 대조적이다. 3.1절에서 소개한 미국 대륙횡단철도 건설에 참여한 중국인들
에 대한 백인들의 집단 따돌림은 흑백차별에 뒤지지 않은 극심한 인종차별이라 볼

수 있다. 1849년의 캘리포니아 골드러시 때 몰려온 중국인들은 골드러시 후 대륙횡단철도 노동자로 투입되었으나 끊임없이 백인들의 질시와 경멸의 대상이 되어 1882년 미국의회에서는 '중국인배제 조례'(Chinese Exclusion Act)를 입안하여 중국인 이민을 전면적으로 금지시킨다. 중국인들을 겨냥한 이 법은 1943년까지 지속된다. 그리하여 미국 땅에 살고 있던 중국인들은 차별을 피하여 미국이나 캐나다 대도시에 자신들만의 섬 차이나타운(Chinatown)을 세우게 된다.

미국의 골격에 해당하는 북부 매사추세츠 주의 청교도 정신과 남부의 토마스 제퍼슨이 이끄는 남부의 신앙심이 뚜렷하지 않은 진영 간의 대결 결과 북부진영이 승리를 거둠으로써 청교도 정신이 미국사회의 주된 정신적 지주로 자리 잡았다. 그러나 인종차별 문제는 미국 역사가 안고 있는 뇌관(detonator)으로 남아 있었다. 자신들의 신앙을 완성하고 언덕 위에 산성을 쌓으려는 미국인들의 이상이 인종차별에 의해 암운이 드리워진 역사는 적어도 1960년대까지 지속된다고 볼 수 있다. 유럽에서 구교(Roman Catholic)의 종교적 억압이나 박해를 피해 자신들의 이상향으로 찾아온 순례자들에게는 수치스러운 위선의 역사의 한 장이 아닐 수 없다.

그러나 흑인들에 대한 인종차별은 오히려 심화되어 미국 남부 주들은 노골적으로 인종차별을 정당화하기 위해 짐크로 법(Jim Crow Laws)[31]을 제정하기에 이르렀다. 1890년부터 흑인에 대한 공립학교, 공공장소, 대중교통, 화장실, 음료대(drinking water stand) 등에 대해 흑인과 백인이 이용하는 시설을 구분하였다. 이 법에 대해 1896년 미연방대법원에서는 '분리하지만 동등하다'(separate but equal)는 판결을 내려 지지한 바 있다. 짐크로 법 조항 중에서 공립학교 차별은 1964년 연방대법원의 위헌판결이 날 때까지 유효하였고 나머지 짐크로 법 조항은 시민권 조례(Civil Rights Act), 투표권 조례(Voting Rights Act) 등을 위반하는 것으로 인정하여 폐기되었다. 그러나 2014년 미주리 주 St. Louis 교외의 Furguson이라는 소도시 사태에서 볼 수 있듯이 흑

---

[31] Jim Crow란 흔해빠진 Jim이란 이름과 성 Crow(까마귀)에서 알 수 있듯 남루한 옷차림의 백인들의 조롱거리로 잘 알려진 한 노예를 가리킨다(소설 *Huckleberry Finn*의 흑인 등장인물 이름도 Jim이다). 당시 이 노예가 유명인사가 된 이유는 Thomas Rice(1808-1860)라는 재담꾼이 그를 연극과 대중가요의 소재로 삼아 한껏 자신들의 감정해소(catharsis) 대상으로 삼았기 때문이다.

백간의 갈등은 아직도 잠재되어 있을 뿐 완전히 사라진 것은 아니다.[32] 2016년 이후의 풋볼경기장에서 일부 흑인 선수들이 성조기에 대한 경의를 표하는 대신 무릎을 꿇는 장면은 흑백차별이 진행 중이라는 표시이다.

〈그림 23〉 현대의 미국교회(인디애나 주 Bloomington 소재)

마틴 루터(Martin Luther)나 장 깔뱅(Jean Calvin)의 개신교(Protestantism)[33]를 신봉한 이들이 미국 언덕 위에 세운 산성에서는 유럽교회처럼 복잡한 성인(saint)들의 부조(relief)나 예배당 내의 휘황찬란한 성화나 예수상 대신 무대 위에서 공연을 하듯 춤추고 노래하는 모습을 흔히 볼 수 있다. 천주교의 복잡한 의식이나 목사의 장식적이며 권위를 과시하는 듯한 의상을 생략한 채 이루어지는 예배의식은 교회 밖의 집회와 크게 다르지 않다. 그러나 흑백차별이 당연시 되던 1960년대까지 흑인들은 백인들과 같은 교회에서 예배를 드리지 못하고 자신들만의 교회를 세워 신앙생활을 하면서 교회 가는 일요일은 흑인들에게는 백인들의 억압과 차별에서 해방의 날이었다.

---

[32] Furguson Protest라 부르는 이 사태의 전말은 다음과 같다. Furguson 거주 18세 흑인청년은 거리를 순찰하던 백인 경찰에 의해 한 편의점에서 물건을 훔친 혐의로 거리에게 총격을 받고 사망한다. 전과가 없는 흑인 청년을 백주 거리에서 경찰에 의해 피살되자 도시 다수를 차지하는 흑인들은 즉각 거리로 뛰쳐나와 시위를 벌이며 총격을 가한 경찰을 기소할 것을 주장하지만 미국 정부는 이를 거부하고 무장한 경찰들이 가혹하게 시위대를 진압하면서 미국 전역에서 해묵은 흑인에 대한 경찰의 가혹행위를 비난하는 시위로 번진 사건이다.

[33] 최초의 개신교 교파로 체코의 보헤미아 지방에서 기원한 모라비아교(Moravianism)이며 침례교(Baptist), 감리교(Methodist), 장로교(Presbyterianism) 등이 대표적이다.

〈그림 24〉 흑인교회(Black Church)(www.thevisibilityproject.com)

남북전쟁 전인 1850년 출간된 나다니엘 호손(Nathaniel Hawthorne, 1804-1864)의 『주홍글자(*The Scarlet Letter*)』는 구대륙에서의 신교에 대한 구교의 억압에서 탈피하고자 하는 염원이 담겨 있다. 담임목사를 사랑한 주인공이 마녀로 몰려 교수형(hanging) 직전까지 가는 아슬아슬한 모습은 15세기-18세기 유럽 전역과 미국에서 흔히 볼 수 있는 어두운 역사의 한 단면이다. 하나님이 아닌 악마(devil)를 믿는 자로 기독교에 대한 위협으로 간주하여 '대 마녀 광란'(the Great Witch Craze)이라 일컫는 야만적 행위가 자행된 것이다. 영국과 프랑스 간의 백년전쟁(1337-1453)이 끝나갈 무렵 혜성과 같이 등장하여 오를레앙 전투(Siege of Orléans; Battle of Orleans)에서 프랑스에 결정적인 승리를 안겨준 순진한 시골 처녀 잔 다르크(Jeanne d'Arc; Joan of Arc)는 당시 종교지도자들의 질투를 받아 19세의 젊은 나이에 마녀로 몰려 화형을 당하는 암흑의 역사가 있었다. 『주홍글자』의 저자 호손은 선친이 자신과 신앙이 다른 퀘이커교도(Quakers)[34]들을 괴롭혔던 과거를 속죄하는 마음에서 창작을 한 것으로 알려져 있다. 실제 미국 역사에서 1692-1693년에 일어난 매사추세츠 식민지 세일럼 마녀재판(Salem witch trial)은 악명이 높기로 유명하다. 200명 가까운 사람들이 재판을 받고 재판결과 20여명이 처형되거나 옥사하였는데 대부분 여성들이었다. 세일럼에서 태어나 자란 호손에게 이 마녀사냥 도시는 작가에게 깊은 영감을 주었던 것이다.

---

[34] 퀘이커교도들도 청교도들이나 분리주의자들과 마찬가지로 영국 성공회 교리에서 이탈한 교파로서 신도들 자신이 목사가 되며 교회에서 평신도 - 장로 - 목사 등의 위계를 인정하지 않는 것이 특징이다.

〈그림 25〉영화 〈Scarlet Letter〉(www.goodreads.com)

〈그림 26〉1956년 영화 〈Giant〉추수감사절: 아이들의 칠면조 깃 머리장식이 인상적이다. (www.youtube.com)

1621년 청도교들이 정착하여 첫 가을걷이를 마친 후 Wampanoag 부족들과 순례자들이 마련한 상차림 메뉴는 칠면조, 물새, 송아지, 생선, 바다가재, 조개, 딸기, 과일, 호박 등이었으며 특히 칠면조 고기를 푸짐하게 차렸다. 추수감사절(Thanksgiving Day)은 이미 3.1절에서 언급한 바와 같이 1863년부터 미국의 공식 휴일로 지정된 후 크리스마스와 더불어 미국의 최대 명절이 되었다.

〈그림 27〉 외국인을 위한 추수감사절(미국 인디애나 주 Bloomington 한 교회)

　가족들이 함께하는 저녁식사 상차림은 시대를 거치면서 변천을 거듭하여 최근에
는 크랜베리 소스(cranberry sauce), 칠면조 속을 채우는데 사용되는 빵, 양파, 셀러리,
소금, 후추 등으로 만든 스터핑(stuffing), 육수에 밀가루나 옥수수 전분을 가미한 그
레이비(gravy) 등이 놓이는 것이 일반적이다.

〈그림 28〉 1963년 앨라배마 Tuskegee 고교 사태(www.wikipedia.org)

관용과 남에 대한 배려를 중요시하는 미국사회에서 짐크로 법이 발효 중이던 1960년대까지의 흑인 나아가서 유색인종 차별은 학교교육에서부터 시작되었다. 유색인종들은 그들만의 학교에 다녔으며 1963년 앨라배마 주의 한 백인고등학교 당국이 흑인 학생들 등교거부를 철회하지 않자 주지사는 국가방위군(national guard) 동원령을 내려 흑인학생의 신변을 보호하는 사태까지 벌어지게 되었다. 이러한 유색인종 차별분위기는 1960년대 흑인인권 운동가들의 열정적인 활동이나 흑인교회에서의 절규가 없었다면 개선되지 않았을 지도 모른다. 1963년 미국의 수도 워싱턴 링컨 기념관 앞에서 행한 마틴 루터 킹(Martin Luther King, Jr)의 "나에게 꿈이 있다"(I have a dream) 제목의 급조된 연설은 흑인 인권개선에 일대 전환점이 되었다.

〈그림 29〉 I have a dream: 마틴 루터 목사 연설 기념 링컨기념관 계단 명문(inscription)
(www.jeremiahstangini.com)

1964년 시민권조례(Civil Rights Act)에 의하면 고용과 교육기회 제공에 인종이나 성별에 근거한 차별을 금지하고 있다. 그러나 1965년 '긍정적 조치'(Affirmative Action, Positive Discrimination) 법안은 교육과 고용에서 소수집단(minority)이나 여성차별 금지를 넘어 기회 확대를 지향한다. 예컨대 흑인, 히스패닉(Hispanic)의 일정 수준의 고용비율을 규정하거나 대학입시에서 흑인의 비율을 일정수준 요구하는 방식이다. 그러나 이러한 조치는 예상치 못한 벽에 부딪치고 있다. 우선 긍정적 조치에 대한 끊임없는 소위 백인들에 대한 역차별(reverse discrimination) 논란이 바로 그것이다. 법 시행 이후 백인들은 흑인이나 히스패닉 지원자에 비해 대학 합격률이 낮아졌다고 항변한다. 흑인, 히스패닉 합격자의 쿼터를 할당하다보니 상대적으로 지원자가 훨씬 많은 백인들이 희생된다는 것이다. 둘째, 시민권조례와 긍정적 조치는 상호모순 된 다. 전자는 집단 간의 공평성(impartiality)을 지향하는 반면 후자는 특정 집단을 우대 하는 것이다. 한 나라에 상호 충돌하는 법이 공존하는 것은 문제가 아닐 수 없다. 대 표적으로 대학입시에서 수학능력 시험 SAT/ACT의 경우를 보자: 백인 지원자 기준 흑인/히스패닉 지원자에게는 상당한 수준의 가산점을 부여하는 반면, 아시아계 (Asian-American)지원자는 감점을 하는 것이 관례화되고 있는 상황이 지속되고 있다.

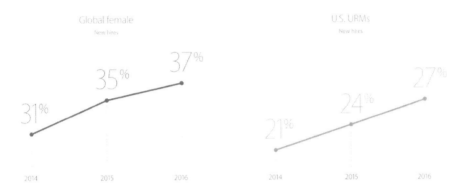

〈그래프 6〉 Apple 웹사이트 포털(portal): 2014년 이후 자사 전 세계 여성 고용비율 과 미국 내 URM (Underrepresented Minority) 즉 고용에 불이익을 당한 소수집단 출신 고용비율 (https://9to5mac.com/2016/ 08/03/apple-diversity-minority-hiring-pay-equity/

흑인차별을 다룬 대표적인 소설로 하퍼 리(Harper Lee) 작『앵무새 죽이기(*To Kill a Mockingbird*, 1960)』가 있다. 초등학교 입학부터 3학년까지의 나이 어린 소녀 주인 공 눈으로 본 흑인에 대한 편견을 다룬 소설이다. 남부 앨라배마(Alabama)주 한 작 은 도시에서 술주정뱅이 백인 딸의 유혹을 받은 한 순진한 흑인청년이 무고하게 투 옥되어 유죄판결을 받고 결국 절망한 나머지 백주에 교도소 담장을 뛰어넘다 총격을 받고 최후를 맞는 내용이다. '인간에게 아무런 해를 끼치지 않는' 앵무새는 곧 죄 없 는 흑인을 가리킨다. 피고인을 변호한 주인공 아버지를 배신자로 비난하는 백인사회 의 흑인들에 대한 적대적 분위기는 Ku Klux Klan(KKK)란 이름으로 19세기 후반부터 20세기 중반까지 활동한 미국의 유색인종을 몰아내려는 극단주의자들이 아니더라도 적어도 20세기 중반까지 미국사회 전반에 걸쳐 만연했던 것이다. 2015년 일어난 싸우쓰 캐롤라이나 주 찰스턴(Charleston) 시 한 교회에서의 흑인 9명을 살해한 총기 폭력(gun violence)사건도 백인우월주의자의 소행이다. 범인은 미국 내 어느 도시보다 흑인 비율이 높은 이 도시를 범행 장소로 택했다고 자백하고 있다.

미국 사회는 유럽 국가들과의 차별화가 조지 워싱턴, 토마스 제퍼슨, 존 애덤스, 벤자민 프랭클린, 알렉산더 해밀턴 등의 건국 시조들의 일관된 신조인 것으로 보인다. 우선 정치제도에서 두드러진다. 미국의 대통령제는 인류 최초 군주제(monarchy)를 부정한 정치제도이며 대통령이라는 독특한 국가수반을 둔 것은 명칭에서부터 특색이 있다. 영어 president란 우리말에서처럼 대통령만을 의미하지 않는다. 초등학교 학생회 회장부터, 각종 학회, 사적 모임의 회장, 대학총장, 사장 등에 두루 쓰인다. 우리말로 대통령이란 직책은 한 나라에 단 한 사람만 있으나 영어권에는 수없이 많은 president가 있는 셈이다. 어원을 보면 "회의를 주재하다"(preside)의 의미이다. 따라서 president란 회의나 모임을 주재하는 위치에 있는 모든 사람들을 가리키는 직책에 불과하다. 단어 preside-president의 관계는 reside-resident, adhere-adherent, correspond-correspondent, superintend-superintendent, ascend-ascendent/ascendant 등의 관계와 마찬가지로 –ent/-ant는 '행위자'를 가리키는 접미사이다. 예컨대 reside(거주하다)-resident(거주자), adhere(집착하다)-adherent(열성 지지자) 등이다. 사실 1789년 대륙회의에서 미국 초대 대통령으로 선출된 조지 워싱턴(George Washington)은 일국의 군주나 귀족들을 부를 때 쓰는 경칭 Your Highness, Your Majesty, My Lord 등 대신 Mr President로 부르도록 했다는 일화가 전해 내려온다. 미국 헌법에서 명시한 만인의 평등을 몸소 실천한 사례라고 볼 수 있다. 자신의 주변에서 미국의 군주로 모시려는 제안을 일축한 사람으로도 알려져 있다.[35]

---

[35] 이러한 취지에서 필자는 의도적으로 영국의 준남작(baronet)이나 기사(knight) 작위 수여자 앞에 붙이는 Sir라는 경칭(title)에 해당하는 '경' 예컨대 Sir Francis Drake, Sir Walter Raleigh 등에서 경칭을 약하고 거명했다. 작위란 자국 내에서만 의미를 가질 수 있다는 생각에서이다. 예컨대 대중가요 가수들도 영국인들은 Sir Paul McCartney, Sir Cliff Richard, Sir Elton John이라 부르는데 외국에서는 경칭 없이 Paul McCartney, Cliff Richard, Elton John으로 부르는 것이 자연스럽다.

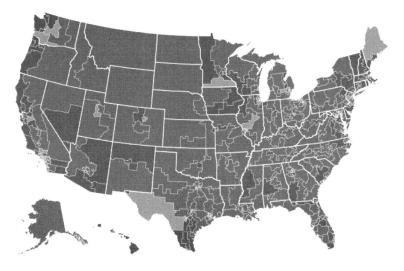

〈지도 18〉 2018년 미국하원의원(435명) 분포: 공화당, 민주당(짙은 색)
(http://www.270towin.com/2018-house-election 화면 캡처)

2015년 오바마 대통령은 한 연설에서 수사적(rhetoric) 표현이긴 하지만 미국은 단순히 '파란색 주와 빨간색 주'의 결합이 아니고 '연합된 주'(United States)라고 했다. 〈지도 18〉에서 보는 것처럼 적색은 공화당, 청색은 민주당을 의미하는데 동서해안지 역은 민주당을 지지하는 반면 내륙지방은 공화당을 지지하는 것으로 정치적 판도를 보인다. 내륙 중에서 시카고 인근이 청색인 것으로 보아 대도시 지역은 민주당, 중소 도시나 농어촌은 공화당을 지지하는 전형적인 보촌진도(保村進都 농어촌 지역의 보 수적 성향과 도시지역의 진보적 성향) 현상이 한국에서뿐만 미국에서도 일어나고 있 다. 일방적이지 않고 밀고 당기는 두 정파 간의 세력균형으로 안정감이 든다. 차지 한 면적에서는 공화당이 앞서지만 인구 면에서는 민주당이 뒤지지 않는다. 인구밀집 지역인 대도시를 민주당이 차지하기 때문이다. 흔히 미국 정치에 대해 지적하는 것 은 정파 간의 대립이 의외로 적다는 것이다. 보수적으로 보이는 공화당과 진보적으 로 간주하는 민주당 간의 간극이 매우 좁다. 따라서 유럽국가 들과 대조적으로 미국 의 정치에서 사회주의, 공산주의 노선이 발붙이지 못하는 것은 이러한 보수적인 정 치풍토 외에 다른 정파들은 인정하지 않는 미국 유권자들 성향 탓으로 해석된다.

유럽사회와 차별화를 지향하는 미국사회는 민간기업 활동에 대한 정부개입을 최소화하는 것이 관례이다. 사회주의 체제가 발붙이지 못하는 분위기의 산물이다. 1901년 취임한 Theodore Roosevelt 대통령의 반독점 조례(Anti-Trust Act)에 의한 록펠러(John Rockefeller, 1839-1937)[36]의 스탠더드 석유회사(Standard Oil Company)를 비롯하여 담배, 쇠고기 트러스트 해체는 미국 역사상 정부가 시장경제에 최초로 개입한 사례이다. 영국의 경제학자 아담 스미스(1723-1790)의 시장경제의 '보이지 않은 손' (invisible hand)과 더불어 케인즈(John Keynes, 1883-1946)가 주장하는 정부개입이라는 '보이는 손'(visible hand)이 함께 건전한 경제체제에 필요하다는 이론의 정당성을 입증한 것이다. 마찬가지로 1930년대 루즈벨트(Franklin Roosevelt) 대통령의 대공황에 대한 정부개입은 예외적인 것이지 일반적이지 않은 것이다. 미국 역사상 우연의 일치이기는 하지만 두 루즈벨트 대통령은 미국인들 생활 속에 정부가 깊숙이 개입한 선례를 남긴 것이다.

미국 경제의 경이적인 발전 이면에는 미국 헌법에 명시되어 있는 특허권을 철저히 보호한 덕이라는 점은 3.1절에서 언급한 바 있다. 창조와 발명에 대한 존중과 사회적 제도의 뒷받침 덕택에 수많은 뛰어난 발명가와 작가들이 양산된 것이다. 다음 링컨 대통령의 "특허제도는 천재라는 불꽃에 이익이라는 연료를 끼얹었다"(The patent system added the fuel of interest to the fire of genius)라는 발언이 이러한 정신을 대변해 준다. 이러한 창의성 존중 문화의 산물로 1927년부터의 영화산업, 헨리 포드(Henry Ford)의 표준화와 이동조립법(assembly line system) 생산방식으로 인한 대량생산은 자동차의 대중화를 가져오고 미국 산업 전역에 큰 파급효과를 가져다준다.

자유로운 기업 활동 결과 미국에는 일찍이 여러 기업왕(business magnate)들이 출현한 바 있고 앞으로도 계속될 전망이다. 예로 운송왕 코넬리우스 밴더빌트 (Cornelius Vanderbilt, 1794-1877), 담배왕 워싱턴 듀크(Washington Duke, 1820-1905),

---

[36] 록펠러의 스탠더드 석유회사는 당시 미국 석유거래의 90%를 독점하여 경쟁업자의 시장진입을 차단하였다. 그의 기업독점에 대한 견해는 다음 연설의 한 구절에 나타나 있다: "미국이라는 멋진 장미는 주변에 돋은 어린 싹들을 희생시켜야만 빛과 향기를 발할 수 있다"(The American Beauty Rose can be produced in its splendor and fragrance only by sacrificing the early buds which grow up around it.) 연방법원의 반트러스트 판결 후 스탠더드 석유회사는 Mobile, Exxon Oil 등으로 분할된다.

철도왕 에드워드 해리먼(Edward Harriman, 1848-1909), 철강왕 앤드루 카네기(Andrew Carnegie, 1835-1919), 석유왕 존 록펠러(John D. Rockefeller, 1839-1937), 금융왕 제이 피 모건(J. P. Morgan, 1837-1913), 자동차왕 헨리 포드(Henry Ford, 1863-1947)를 비롯하여 최근의 컴퓨터왕 윌리엄 게이츠(William Gates, 1955-), 닷컴왕 제프 베이조우스(Jeff Bezos, 1964-), 소셜 네트워크왕 마크 저커버그(Mark Zukerberg, 1984-)에 이르기까지 뛰어난 기업인들이 속출하고 있다.

〈그림 30〉 drone 상품배달: Amazon.com 시험장면(www.usatoday.com)

용광로를 지향하는 미국사회의 또 하나의 진면목은 스포츠 경기에서 적나라하게 드러난다. 영국적 문화를 미국적으로 개조하여 생겨난 스포츠 경기가 미식축구와 야구이다. 미국의 우상(icon, idol)이기도 한 이 종목들은 우선 영국의 축구/럭비와 크리켓(cricket)을 변형한 것이다. 뇌진탕(concussion) 등 위험을 무릅쓰고 격렬한 몸싸움이 다반사인 미식축구 경기는 추운 겨울인 2월 첫째 주 일요일에 거행되는 수퍼볼(Super Bowl)이 화룡점정이다. 추위를 무릅쓰고 경기에 열광하는 선수들이나 관중 모두 이 날은 자신들의 조국에 대해 다시 한 번 감사하려는 듯 경기 자체보다도 수퍼볼이라는 국가행사 자체를 즐기는 것으로 보인다.

〈그림 31〉 미식축구 경기장(인디애나폴리스 Lucas Oil Stadium: 2012년 Super Bowl 개최)(ww.wikipedia.org)

〈그림 32〉 Tee Ball(www.bfllb.org)

걸음마를 막 뗀 어린 아이 때부터 던지는 공이 아니라 고정된 T-자형 거치대(실제는 일자형) 위에 올려놓은 공을 방망이를 휘둘러 맞추는 티볼(Tee Ball)이 미국 아이들의 야구 사랑의 시작이다. 8세가 넘으면 던지는 공을 치는 소프트볼(여성)이나 야구(남성)를 즐기면서 영연방국가에서 자리 잡고 있는 크리켓 경기를 마다하고 자신들만의 종목으로 변형한 야구는 미식축구와 더불어 미국인들의 일상적 삶에서 없어서는 안 될 일부분이 되었다.

현재 미국사회가 안고 있는 고질적인 사회악으로 총기 문제를 빼놓을 수 없다. 2017년 총기 사망자는 약 4만 명으로 하루 평균 무려 109명이 사망한 것이다. 2010년도에도 총기사고 사망자가 31,076명으로 같은 해 교통사고 사망자 32,367명과 맞먹는다. 이 사망자수는 미국이 베트남전(1955-1975년) 20년간 사망자 58,000명과 비교할 때 엄청난 인명 피해임을 알 수 있다. 그러나 현재 미국사회는 뚜렷한 총기문제 해결책을 찾지 못하고 있다. 총기규제(gun control)와 총기권(gun right) 주장 진영이 팽팽히 맞서고 있어 2010년 연방법원 판결은 정당방어(self-defense)를 위한 총기소유권 지지자들의 손을 들어준 바 있다. 2015년 한 여론조사에 따르면 반자동소총(semi-automatic gun) 소지 금지에 44%, 총기 구매 시 신원조회(background check)에 92%, 49%가 총기 관련법 강화를 지지하는 것으로 조사되었다. 흥미로운 것은 총기 소유를 전면 금지하는 것이 아닌 부분 규제에 그치는 미온적인 여론이 우세하다는 것이다. 이런 상황에서 미국사회의 총기문제 논란은 공전을 거듭할 공산이 크다. 2017년 Las Vegas의 한 호텔 32층에서 내려다보이는 광장 음악회 관중들에게 1,100발을 난사하여 851명 부상, 58명이 사망하는 사건이나 2018년 경찰관 4명을 포함 11명이 사망한 유태인 회당(synagogue) 사건, 특히 초중고, 대학을 막론하고 어린 학생들이 오히려 표적이 되는 사건이 빈발하여 백악관 앞에서 학생들이 나서서 대책을 촉구하는 시위를 하는 것이 현실이다. 사건 발생 때마다 어디서 본 듯한(deja-vu) 조화(condolence flowers)와 촛불로 상징되는 각성하는 애도기간(vigilant mourning period)이 끝나기가 무섭게 또다시 재현되고 있다.

〈그림 33〉 착한사마리아 법(www.thedailystar.net)

미국에서 개인의 총기소유 역사는 두 흐름이 있다. 하나는 민병대 일명 시민군 (militia)의 전통이다. 미국독립전쟁(American Revolutionary War, 1775-1783년) 이전까지 미국은 정규군(regular army)이 존재하지 않아 모든 성인남성들은 무기와 화약을 소지할 의무가 있었다. 이러한 전통은 미국독립전쟁이 끝난 1790년까지 지속된 후 점차 민병대는 정규군 제도가 정착되면서 의무가 아닌 지원제로 바뀌면서 사라지게 되었다. 이러한 민병대 전통은 위급한 사태(emergency)가 발생했을 경우 시민들 스스로 문제 해결하는 전통으로 이어진다. 미국의 대다수 주에서는 '착한 사마리아인 법'(Good Samaritan Law)을 시행하여 법 준수를 의무화하고 있다. 예컨대, 자동차 인명사고 발생 시 사고 연루자들은 인명구조 활동 참여가 의무화되어 구조의무(rescue duty) 불이행시 처벌을 받는다. 두 번째 개인 총기 소유의 전통은 서부개척시대에서 비롯되었다. 험하기 짝이 없었고 수개월이 걸리는 서부개척 여정에서 언제 맞닥뜨릴지 모르는 외국군이나 인디언들의 습격과 퓨마(puma, cougar), 회색곰(grizzly bear), 늑대, 말코손바닥사슴(moose), 흑곰(black bear), 들소(bison) 등 맹수의 공격에 대비하여 총기를 소지한 것은 호신(self-protection) 목적상 불가피한 것이었다.

3.3. 미국의 언어 현황

① 미국영어

미국사회를 관통하는 저류(undercurrent) 중 하나는 구대륙(Old World)으로부터의 탈출이라는 사실을 앞서 미국의 역사와 사회를 논하며 저적한 바 있다. 이러한 흐름은 미국인들의 말인 미국영어에도 예외 없이 스며들었다. 샐러드 사발(Salad Bowl)보다는 용광로라는 비유가 미국사회를 더 정확하게 그리고 있는 것이다. 현재 50개 주 영토가 확정되기까지 숱한 우여곡절을 겪었지만 광활한 국토 내 대다수 사람들 입에서 일상적으로 오르내리는 말이 영어가 되었다는 사실은 기적에 가깝다고 볼 수 있다. 1776년 13개주 독립 당시 미국영토 내 거주자는 영국인, 인디언과 흑인들이었지만 19세기 이후 세계 방방곡곡에서 몰려온 이민자들이 자신들의 모국어를 버리고 영어에게 제1언어 자리를 내줄 가능성은 높지 않았기 때문이다. 예컨대 인도(영어 외 22개 공용어), 나이지리아(영어 외 최소 3개 공용어), 남아프리카공화국(영어 외 10개 공용어) 등의 다민족 국가에서 자신들의 고유어를 국가 공용어로 집요하게 고집하고 있는 현실을 감안할 때 미국이 지구상의 다민족국가의 대표 격임에도 불구하고 단일 언어권에 가까운 사회가 된 것은 놀라운 일이 아닐 수 없다. 영토분쟁에서 영국, 미국과 끈질긴 경합을 벌였던 스페인, 프랑스인 대부분도 제1언어(first language)가 영어라는 사실은 당연한 사실이라고 볼 수는 없다.

언어 면에서 영국에서 탈출하는데 가장 큰 공로를 세운 사람은 노어 웹스터 (Noah Webster, 1758-1843)이다. 미국이 영국과 독립전쟁이 한창이던 시기에 활약했던 웹스터는 영어 관련 사전편찬, 저술뿐만 아니라 저술가, 언론인, 교육자, 정치인 (Connecticut주 하원의원)으로 활약하며 수많은 글을 쏟아내 20권에 달하는 신문논설, 기사 등의 목록만 655쪽에 달할 정도이다. 그래서인지 웹스터는 평생 저작권법 (copyright law) 제정, 개정에 심혈을 기울인 사람으로도 유명하다. '미국 학문과 교육의 아버지'로 불리는 이유가 여기에 있다. 영국에 대한 문화적 예속에서 벗어나는 것이 신조였던 웹스터는 교육에 관해서는 스위스의 장 자크 루소(Jean Jacques Rousseau, 1712-1778)의 교육철학에 영향을 받아 학습자의 지적 발달 단계에 맞는 교재개발을 성공적으로 시도한 바 있는데 이 책이 1785년 완간된 『영어 문법 초보원리 (A Grammatical Institute of the English Language)』이다. 이 책은 3부작으로 제1권 영어 발음과 철자, 제2권 문법, 제3권 독본(reader)으로 되어 있다. 3권 책 중에서 가장 주목을 받은 것은 제1권으로 본래의 제목은 표지만으로는 내용을 알 수 없는 『영어 문법 초보원리 제1부(The First Part of the Grammatical Institute of the English Language)』였다. 미국인들에게 이 책이 얼마나 선풍적인 인기였는지는 웹스터 일생 동안 끊임없는 개정판을 거듭하여 무려 385판이 나왔다는 사실에서 알 수 있다. 베스트셀러는 물론 스텔라 셀러(stellar seller)라는 표현도 모자랄 정도로 당대 미국 최고의 인기 도서였다. 요즘으로 치면 음성학 교재가 최고의 베스트셀러가 된 것이다. 딱딱하고 고지식한 책 제목도 『미국 철자서(The American Spelling Book)』로, 그리고 다시 『초보 철자서(The Elementary Spelling Book)』로 바뀐다. 여전히 책 제목이 마음에 들지 않았든지 미국인들은 이 책을 『파랑 (표지) 맞춤법 (책)(*Blue Back Speller*)』
이라고 불렀다. 이 음성학 교재가 미국인들의 사랑을 받게 된 데는 무엇보다도 당시
구대륙으로부터 벗어나고자 했던 정서에 맞는 웹스터의 교육신조가 한 몫을 했다.
그는 미국만의 독특한 청소년교육을 원했으며 영어를 "영국 귀족들의 아는 체 하는
소란스러움으로부터 구해야 한다"며 영어교육보다 라틴어·그리스어를 앞세우는 교
육 풍조를 단호히 배격하였다. 이러한 신조가 그의 『파랑 맞춤법』에 반영되어 책 내
용을 학습자들이 쉽게 이해할 수 있고 연령에 맞추어 공부할 수 있도록 꾸몄다.
1890년까지 6천만부가 팔려 100년 이상 스테디셀러 (steady seller)였으며 현재 미국뿐
만 아니라 한국에서도 대회가 열리는 철자법 대회(Spelling Bees)도 웹스터의 정신적
유산이 깃들어 있다.

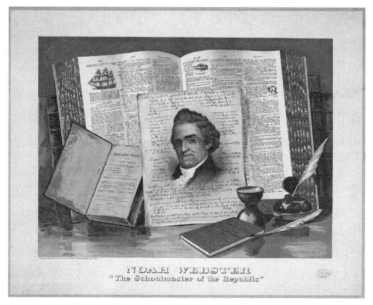

〈그림 34〉 Noah Webster: 사전편찬가, 저술가(www.wkipedia.org)

세계인들에게 노어 웹스터는 사전편찬가로 잘 알려져 있다. 현대의 웹스터 사전
(*Marriam-Webster Dictionary*)의 초판에 해당하는 *An American Dictionary of the
English Language*를 1828년 70세 나이에 26년간의 노력 끝에 4절판(quarto) 2권으로

발간한 것이다. 7만개의 어휘 중 skunk, squash 등 1만 2천개 어휘는 이 사전에 처음 수록된 것이다. 불행히도 각고의 노력 끝에 나온 역작임에도 불구하고 웹스터 사전은 그의 『파랑 맞춤법』과는 달리 겨우 2,500부 밖에 팔리지 않을 정도로 대중적 인정을 받지 못했다. 판매 부진의 주원인은 당시 미국인들은 웹스터식 미국영어로 인한 영국영어와의 결별을 달가워하지 않았기 때문이다. 그는 사전 편찬 후 재정적 파탄을 면치 못하여 판매 부진을 만회하기 위해 1841년 82세 나이에 제2판을 *Corrected and Enlarged of the American Dictionary of the English Language*란 이름으로 발간한다. 1843년 웹스터가 작고한 후 저작권은 George and Charles Marriams 형제에게 넘어가 이들은 *Webster's New International Dictionary*란 이름으로 1890년 초판, 1934년 제2판, 1961년 제3판을 발간하였다. 흔히 웹스터가 아래 열거한 미국영어 철자법 개혁의 장본인으로 잘못 알려져 있는데 실제 이러한 철자법을 웹스터 자신이 주창한 것이 아니고 당시 미국사회에 유행하던 철자법을 사전편찬에 적용하면서 발음에 가까운 철자 맞춤법을 대중화시킨 것이다.

	British	American	British	American
-our, -or	colour	color	honour	honor
-re, -er	centre	center	metre	meter
-ce, -se	defence	defense	offence	offense
-xion, -ction	connexion	connection	complexioned	complected
-ise, -ize	realise	realize	organise	organize
-yse, -yze	catalyse	catalyze	paralyse	paralyze
-ogue, -og	dialogue	dialog	catalogue	catalog
-ae/-oe, -e	anaemia	anemia	foetal	fetal
-lled, -led	cancelled	canceled	modelled	modeled

영국영어와 미국영어 어휘 차이를 보자. 어휘란 불가피하게 관련 문화의 산물이기 때문에 매우 광범위한 문제이다. 편의상 여기서는 학교생활을 중심으로 일상적인 표현 몇 가지만 살펴보기로 한다.

영국영어	The bloke has not the tool.
	Has the bloke the tool?
	What do you read?
	He read linguistics at Cambridge.
	She studied linguistics at Oxford.
	She did linguistics at University College London(비공식적).
	The boy is in the year 1.
	Lecturer Hawkins teaches the module.
	I sat my exam yesterday.
	I set a difficult exam for my students.
	We open Monday through Friday.
	We live near to the university.
	I rang him on the number.
	The woman ran at the athletic championship.
	The man is a cricketer.
미국영어	The guy does not have the tool.
	Does the guy have the tool?
	What is your major?
	He majored in linguistics at Cornell.
	She studied linguistics at Indiana University.
	She concentrated in linguistics at University of Massachusetts.
	The boy is in the 1st grade.
	Professor McCarthy teaches the course.
	I took my exam yesterday.
	I wrote a difficult exam for my students.
	We open Monday to Friday.
	We live near the university.
	I called him at the number.
	The woman ran at the track and field championship.
	The man is a baseball player.

미국영어와 영국영어의 미묘한 어휘 차이는 저작물 저자의 의도가 전달되는데 양국 간 독자들에게 장애요소로 작용하고 있다. 판타지 소설 해리 포터(*Harry Potter Series*)의 저자 제이 케이 롤링(J. K. Rowling)은 이를 간파하고 미국판을 별도로 발간하였다. 영국판과 미국판의 차이는 다음과 같다.

UK: skip	UK: football	UK: biscuits
US: dumpster	US: soccer	US: cookies
UK: minister for Magic	UK: lavatory seat	UK: while
US: minister of Magic	US: toilet seat	US: whilst
UK: Sybill Trelawney	UK: barking	UK: leaned
US: Sibyll Trelawney	US: off his rocker	US: leant
UK: car park	UK: tinned soup	UK: schedules
US: parking lot	US: canned soup	US: timetables
UK: shan't	UK: wellington boots	UK: walnut
US: won't	US: rubber boots	US: satsuma
UK: sherbet lemon	UK: tank top	UK: Augustus
US: lemon drop	US: sweater vest	US: Algernon
UK: dustbin	UK: nutter	UK: review
US: trashcan	US: maniac	US: revise
UK: roundabout	UK: cupboard	UK: shagpile carpet
US: carousel	US: closet	US: shag carpet
UK: jumper	UK: torch	UK: humph
US: sweater	US: flashlight	US: humpf
UK: comprehensive (school)	UK: letter boxes	UK: pants
US: public school	US: mailboxes	US: briefs
UK: holidaying	UK: sack	UK: silver
US: vacationing	US: fire	US: silvery
UK: crisps	UK: matron	UK: pinny
US: chips	US: nurse	US: apron

UK: Pekinese

US: Pekingese

UK: afterwards

US: afterward

(www.fnpop.com)

〈그림 35〉 Harry Potter 탄생: J. K. Rowling이 *Harry Potter Series*를 썼던 에든버러 Elephant House

보통 미국영어 표준어를 일반 미국어(General American)라 부른다. 일반 미국어란 미국 중서부(Midwest) 지역 아이오와, 네브래스카, 일리노이, 위스콘신 주 방언에 가까우며 이 지역은 식민지 개척의 두 흐름인 플리머쓰 청교도들과 제임스타운 식민지 중에서 주로 후자의 사람들이 서쪽으로 이주하여 발생한 방언으로 짐작하고 있다. 서부 개척시대에는 이들이 서부의 대도시로 이주한 사람들이 많아 이들의 영향력 때문에 미국의 표준어가 된 것으로 보는 시각도 있다. 아래 방언지도에서 주목할 만한 사실은 다음과 같다.

첫째, 뉴잉글랜드 방언은 영국의 전통적인 표준발음(RP: Received Pronunciation)과 유사하여 car, park, mark 등에서 /r/을 탈락시킨다. 또한 dance, ask, mask의 모음을 /æ/가 아닌 장모음 /ɑː/가 된다.

둘째, 남부방언은 다른 지역과 다른 특징이 뚜렷하다. 먼저 남부 느리게 끌기(Southern Drawl)가 특징이며 단순모음을 이중모음으로, 삼중모음으로 발음한다. 다음의 경우이다.

표준영어	Southern Drawl
can't [kænt]	[keɪnt]
ma'am [mæm]	[meːɪəm]
bed [bɛd]	[baɪd]
Kentucky [kɛntəki]	[kaɪn təki]
dog [dɔːg]	[dɔːʊg]
town [taʊn]	[tæaʊn]
big [bɪg]	[bijeːg]
backpack [bækpæk]	[beaagpeaak]

〈지도 19〉 미국 방언지도

(https://www.cambridge.org/core/books/regional-variation-in-written-american-english)

반대로 다음의 경우는 이중모음을 단순모음화한다.

표준영어	남부방언
time [taɪm]	[taːm]
I [aɪ]	[aː]
side [saɪd]	[saːd]
wide [waɪd]	[waːd]

또한 pin-pen merger라 불리는 모음 [ɪ]와 [ɛ]를 병합하는 경향이 있다.

남부방언 문법의 두드러진 특징으로 2인칭 단수와 복수를 구별하여 후자를 yawl (y'all)(you all의 줄임)로 표현한다. Thank you 대신 Thank yawl을 자주 들을 수 있다. 동사의 경우 3인칭 단수 표시 -s를 you gits(you get), we haz(we have)와 같이 주어에 관계없이 사용하는 경우도 종종 보인다. You taller than Louis처럼 연계사(copula; be 동사)를 생략하는 경향도 남부방언의 특징이다. 그 밖에 다른 미국지역 방언과 뚜렷한 발음상의 차이가 없음에도 철자법에서 차이를 보이는 소위 "눈 방언"(eye dialect)이 introducshun (introduction), iz(is), uv(of), wuz(was), sed(said), frum(from), mite(might), suthern (southern) 등에서 목격된다(Schneider 2011: 92-93).

〈지도 20〉 Mason-Dixon Line(http://www.thomaslegion.net/themasondixonlinehistory.html)

여기서 남부방언을 논할 때 자주 언급되는 메이슨-딕슨 선(Mason-Dixon Line)에 대해 살펴보자. 이 경계선은 정치적으로 주 경계선에 대한 분쟁 해결사로 나선 Charles Mason과 Jeremiah Dixon의 이름을 딴 것으로 오늘날 펜실베니아, 웨스트버지니아, 메릴랜드, 델라웨어 주 경계선을 의미한다. 방언 경계와 반드시 일치한다고 볼 수는 없지만 대체적으로 남부방언의 경계선이 되고 있으며 미국인들에게 심리적 상징성이 큰 경계선으로 이해할 수 있다.

셋째, 서부방언은 표준방언과 차이점은 많지 않지만 collar-caller, Don-dawn, caught-cot 등의 단어 쌍은 동음이의어(homonym)가 되는 경향이 있는데 모음 [ɑ]와 [ɔ]를 구분하지 않고 [ɑ]으로 병합되는 경향이 있기 때문이다.

② 캐나다영어와 비교

일찍이 1534년부터 현재의 캐나다 영토에 가장 먼저 정착한 유럽 국가는 프랑스이다. 1763년 영국과의 7년전쟁(Seven Years' War)에서 패한 프랑스는 퀘벡(Quebec) 지역을 제외한 여타 지역을 영국에 양도하게 된다. 더구나 1783년 파리조약(the Treaty of Paris)으로 종지부를 찍은 미국독립전쟁에서 패해 미국 땅을 잃은 영국은 절치부심 비장의 전략을 준비하고 있었다. 미국 대신 프랑스가 차지하고 있는 퀘벡 지방 서부에 미국의 독립을 달가워하지 않고 영국을 지지한 왕정주의자(Loyalist)들을 이주시켜 이 지역을 차지하는 것이었다. 미국 독립 지지자(Patriot)들에게 재산을 몰수당한 왕정주의자들에게 200에이커(약 20만평) 씩 땅을 지급하여 정주시킨 것은 1세기 후 미국 링컨 대통령의 자작농법(Homestead Acts) 시행과 크게 다르지 않다. 이 시기는 1788년 영국인들의 호주 이주와 거의 같은 시기로 대영제국에 대한 영국인들의 강렬한 의지를 읽을 수 있다. 미국의 왕정주의자 약 5만 명이 이주하면서 현재의 캐나다 땅은 점차 과거 불어 사용지역에서 영어 사용지역으로 기울어지게 된다. 결국 왕정주의자 출신들은 캐나다 국가건설의 주축이 되어 미국 남북전쟁 직후 1867년 캐나다는 독립국가가 된다. 호주에 앞서 독립국가가 되면서 알래스카에서 리오그란데 (Rio Grande)강에 이르기까지 북아메리카(North America) 전체가 영어권이 된다. 퀘벡 지방만 언어의 섬(linguistic island)으로 남아 있는 셈이다. 2018년 현재 10주 (provinces): Alberta, British Columbia, Manitoba, New Brunswick, Newfoundland & Labrador, Nova Scotia, Ontario, Prince Edward Island; 3준주(territory): Northwest, Nunavut, Yukon로 나뉘며 인구 3천 7백만 명으로 영연방의 일원이다. 10개 주 중 New Brunswick 주만 영어와 불어를 공동 공용어로 인정하는 반면 Quebec 주는 불어, British Columbia 주를 비롯한 나머지 8개 주는 영어만을 공용어로 인정한다. 캐나다의 영어와 불어 사용실태는 다음과 같다.

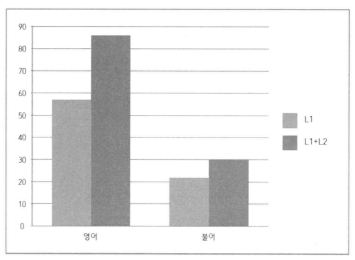

〈그래프 7〉 2018년 캐나다영어와 불어 사용자 백분율(자료: www.wikipedia.org)

제1언어 사용자 비율은 영어 57%, 불어 22%이며 제1언어와 제2언어 사용자를 합한 수치는 영어 85.6%, 불어 30.1%로 추산된다. 반면 Quebec 주는 단지 7.7%만 영어 사용이 가능한 것으로 집계되고 있다. 2015년부터 캐나다의 수상(Prime Minister)을 맡고 있는 Justin Turdeau는 Ontario 주 출신이지만 영어와 불어를 능수능란하게 구사하는 완벽한 이중언어 사용자이다. 발음의 측면에서 볼 때 캐나다영어는 영국의 RP 보다는 미국표준영어에 근접한 영어라고 정의할 수 있다. 다만 무성음 앞에서 이중모음 /aɪ/가 / ʌɪ/로 /aʊ/가 /ʌʊ/로 상승하는 것이 특이하다.

	미국영어	캐나다영어
knife	[naɪf]	[nʌɪf]
lout	[laʊt]	[lʌʊt]

그러나 철자법은 캐나다영어는 다음 예시에서 보는 바와 같이 미국영어보다는 영연방 국가로서 동료 호주와 같이 영국영어에 가깝다.

International English Spelling Chart

United States	Canada	UK	UK (Oxford spelling)	Australia
color	colour	colour	colour	colour
center	center	centre	centre	centre
globalization	globalization	globalisation	globalization	globalisation
realize	realize	realise	realize	realise
analyze	analyze	analyse	analyse	analyse
traveling	travelling	travelling	travelling	travelling
defense	defence	defence	defence	defence
computer program, concert program	computer program, concert program	computer program, concert programme	computer program, concert programme	computer program, concert program
gray	grey	grey	grey	grey
fulfill	fulfil(l)	fulfil	fulfil	fulfil
aluminum	aluminum	aluminium	aluminium	aluminium

〈표 1〉 미국, 캐나다, 영국, 호주 영어 철자법 비교(www.wikipedia.org)

반면에 어휘의 경우 캐나다영어는 미국영어와 맥을 같이한다고 말할 수 있다. 미국과 북아메리카의 자연환경을 공유하고 있고 지리적으로 인접국가로서 정치, 경제, 사회적으로 미국과의 교류가 빈번하다는 측면에서 이해 가능하다. 어휘 면에서 캐나다영어가 대체적으로 영국영어보다 미국영어와 흡사한 양상을 보이고 있는 것은 다음 표에서 확인할 수 있다.

캐나다영어	미국영어	영국영어
apartment	apartment	flat
elevator	elevator	lift
faucet/tap	faucet	tap
garbage	garbage	rubbish
freeway/highway	freeway/highway	motorway
gas	gasoline	petrol
holiday	vacation	holiday
line up	line up	queue up
parking lot	parking lot	car park
sidewalk/pavement	sidewalk	pavement
subway	subway	underground
tights	pantyhose	tights
to call (by telephone)	to call (by telephone)	to ring
truck	truck	lorry
washroom	bathroom/restroom	toilet,WC
bachelor apartment	studio apartment	studio flat
chesterfield	couch, sofa	settee, sofa
bank machine	ATM	cash dispenser, cashpoint
cavestroughs	gutters	gutters
parkade	parking garage	car park
scribbler	notebook	exercise book
runners, running shoes	sneakers	trainers, plimsolls
the First Nations people (Inuit' Métis 족 제외)	native Americans	—
bus depot	bus station	coach station
main floor	first floor	ground floor

〈표 2〉 캐나다, 미국, 영국영어 어휘 비교
(https://www.ryerson.ca/content/dam/studentlearningsupport/resources/
grammar-handouts/Canadian_English.pdf)

③ 미국의 제2언어

미국 언어 현황 논의의 마지막 순서로 미국 내 영어 외의 다른 언어에 대해 살펴보자. Roanoke 식민지 개척 시도에서 현재에 이르는 400여 년 동안 1만 년 이상 300개 이상의 원주민 언어가 공존하던 지역이 지극히 짧은 시일 내에 영어권이 된 사실은 매우 놀라운 일이라는 점은 앞에서 논한 바 있다. 그런데 미국영어에 관해 한 가지 의문은 과연 미국사회를 단일 언어권(monolingual society)으로 볼 수 있는가 하는 점이다. 2007년 미국 통계국 자료에 의하면 미국의 이중언어 사용자는 20%에 못 미쳐 유럽 국가들에 비해 월등히 낮고 세계평균 이중언어 사용자 56%의 절반에도 미치지 못하고 있다. 그러나 20% 가까운 사람들이 미국 땅에서 영어 외 다른 언어가 일상적 의사소통수단이라는 사실은 주목을 필요로 있다. 나아가서 이중언어 사용비율이 점차 증가하고 있다는 점도 주목할 점이다. 히스패닉(Hispanic)[37] 계통, 즉 스페인어를 사용하는 중남미, 카리브 해 출신과 포르투갈어를 사용하는 브라질 출신의 이민자들이 비율이 점점 증가하고 있기 때문이다.

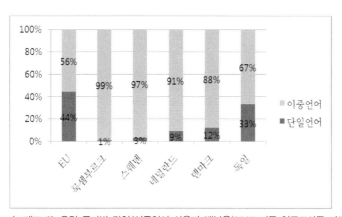

〈그래프 8〉 유럽 국가별 단일/이중언어 사용자 백분율(2007 미국 인구조사국 자료)

---

[37] 현대 스페인과 포르투갈이 위치한 이베리아(Iberia) 반도 지역을 로마제국에서 라틴어로 Hispania로 부른 데서 연유하며 식민지 등 스페인과 포르투갈과 역사, 문화적 관계가 있는 사람들을 지칭하여 중남미 대부분의 나라 출신이 여기에 속한다. 칠레 영토인 Easter 섬 주민들도 칠레가 스페인어 권인 점에서 히스패닉이다. 반면 네덜란드 식민지였던 수리남, 영국의 통치를 받은 가이아나, 벨리즈(Belize) 등은 여기서 제외된다.

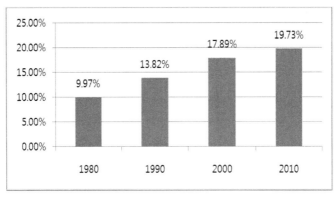

〈그래프 9〉 미국 이중언어 사용자 백분율(2007년 미국 인구조사국 통계)

2012년 미국 인구 조사국 조사에 따르면 가정에서 영어 외 언어 사용은 스페인어, 중국어, 불어, 독일어, 이탈리아어, 하와이어 순이며 스페인어 사용자는 4천만 명에 달하는 것으로 조사되었다. 먼저 스페인어에 대해 살펴보자.

〈그림 36〉 Arizona 도로표지판(www.sabre-roads.org.uk)

미국을 여행하다보면 위와 같은 도로 표지판이나 공공장소, 버스 등에서 영어와 스페인어가 병기된 표지를 드물지 않게 볼 수 있다. 미국 남부지역에서는 이러한 영어와 스페인 병기가 일반적인데 그 이유를 다음 지도에서 찾을 수 있다.

〈지도 21〉에서 보면 노쓰 다코타(독일어), 메인(불어), 버몬트(불어), 하와이(원주인어), 알래스카(원주민어) 등 5개 주를 제외한 45개 주 제2언어[38]는 스페인어이다.

---

[38] 여기서 제2언어란 사용자들에게 영어 외로 두 번째로 중요한 언어라는 의미이다. 인도, 필리핀 등에서 제2언어의 일반적인 경우와 다른 의미임을 상기할 필요가 있다.

〈지도 21〉 미국 제2언어 사용자 분포

텍사스, 뉴멕시코, 애리조나, 캘리포니아, 플로리다 주 특히 멕시코 국경 인근지역에서는 일상 대화 매체가 스페인어인 사람들이 절반에 가까운 것으로 나타나고 있다. 특히 텍사스 주 멕시코 접경지대 주민들은 대부분 제1언어가 스페인어인 것으로 조사되었다. 이 지역에서 스페인어 위상을 무시할 수 없게 되면서 텍사스, 뉴멕시코, 애리조나, 캘리포니아, 플로리다 주의 경우 주지사(governor)를 비롯한 정치인들이 주민들의 표를 의식한 듯 은근히 자신의 스페인어 실력을 기자회견이나 정견발표 때 과시하는 광경을 자주 볼 수 있다.

2004년 미국 교육부 통계에 의하면 미국에는 550만 명의 영어가 제1언어가 아닌 제2언어인 학생들이 공부하고 있으며 이중 79%가 스페인 언어권 학생이다. 따라서 미국의 이중언어 교육은 스페인어 사용자들 문제로 간주한다. 영어 이외의 언어는 잠정적으로 영어가 익숙해질 때까지만 허용한다는 방침이다.

스페인과 함께 북미대륙에서 영국, 미국과 영토다툼을 벌인 나라는 프랑스이다. 이런 의미에서 북미대륙에서 프랑스어 사용실태를 살펴보자. 미국에서 프랑스어는 스페인어, 중국어 다음으로 사용자가 많아 2010년 미국 인구 조사국 통계에 따르면

1천만 명 프랑스계 중에서 200백만 정도가 가정에서 불어를 사용하는 것으로 집계되었다. 이들 대부분은 메인(Maine) 주 북부와 루이지애나 주 미시시피 강 하구 지역에 집중되어 있다. 루이지애나 불어는 Colonial French, Louisiana Creole French, Cajun French로 분류된다. Colonial French란 이곳에 플랜테이션을 경영하던 노예주들의 후손들을 말한다. Cajun French란 1755-1763년 캐나다 Acadia(지금의 캐나다 Nova Scotia, New Brunswick, Prince Edward Island, 미국의 메인 주 북부)에 거주하던 프랑스인들을 7년전쟁에서 프랑스를 물리치고 북아메리카에서 패권을 장악한 영국이 축출하자 루이지애나 주로 이주하면서 본래 명칭 Acadians가 Cajuns로 발음이 바뀐 것이다. 마치 백제의 수도 "곰주"가 공주로 둔갑한 것과 같다. 한편 Louisiana Creole French는 이 지역 출신 흑인들의 불어를 의미한다. 현재 Colonial French는 Cajun French와 병합된 것으로 보는 것이 일반적이다.

〈지도 22〉 미국 불어 사용자 분포(www.en.academic.edu)

〈그림 37〉과 같은 영어-불어 병기 도로표지판은 미국의 다른 지역과는 달리 루이지애나 주 남부지역에서 자주 목격할 수 있다. 뉴올리언즈 출신 대표 인물로 Louis Armstrong(1901-1971)을 들 수 있다. 트럼펫 연주가이며 가수였던 그는 이름 자체가 프랑스의 일명 태양왕(the Sun King)으로 불리는 Louis 14세(1638-1715, 재위 1643-1715) 이름을 딸 정도로 프랑스풍 뉴올리언즈 전통을 이어받고 있다. 현재 뉴올리언즈 공항은 그를 기리기 위해 Louis Armstrong International Airport로 불린다. 뉴올리언즈의 프랑스 문화로 정착한 Mardi Gras 카니발 즉 흥청망청 먹고 마시는 1주간의 기독교축제가 유명하다. 영어로는 Fat(호강하는) Tuesday; Shrove(참회하는) Tuesday, Pancake(팬케잌) Tuesday로 여러 가지로 칭하며 종교절 의미를 넘어 대중문화로 자리 잡고 있다. 본래 이 종교축제는 사순절(Lent), 즉 부활절(Easter Sunday) 전 40일 간의 회개(penitence) 기간의 일부로 기나긴 금식(fasting), 기도(prayer), 참회(repentance) 기간을 앞두고 진탕 먹고 마시며 축제를 벌인데서 유래한다. 뉴올리언즈 Mardi Gras 사육제는 브라질에서 포르투갈 주도로 시작되었으며 '지상 최대 볼거리'(the biggest show on Earth)로 자랑하는 Rio de Janeiro 사육제와 축제의 동기와 개최기간이 거의 중복되는 세계 2대 종교 축제이다.

〈그림 37〉 Lousiana 도로표지판(www.wikipedia.org)

〈그림 38〉 2018년 Mardi Gras Carnival(New Orleans)
(https://www.thrillist.com/lifestyle/new-orleans/new-orleans-mardi-gras-2018#)

3-1 미국대학에서 아시아계 학생들의 비율과 고교 졸업자들의 비율을 찾아보고 이 통계가
미국대학입시 정책 수립에 어떤 영향을 미치고 있는지 알아보자. 이어서 우리 사회라면
이 문제를 어떻게 처리할 것인지 생각해보자.

3-2 대륙횡단철도 공사에는 1만 명이 넘는 중국인 노동자들의 공로가 컸다. 그러나 공사 종
료 후 아래 인종 비하 문구(ethnic slur)에서 보듯 중국인 노동자들은 오히려 배척의 대
상이 되어 '중국인 이민금지'라는 법이 제정되기도 했다. 이 문제가 한국의 외국인 근로
자들에 대한 우리의 태도에 시사하는 바를 생각해보자.

Keep calm and ching chong cha back to China.

3-3 사회적 약자를 보호하기 위한 긍정조치(Affirmative Action) 조항은 백인들에 대한 역차
별이 될 가능성에 대해 생각해보자. 성별, 인종에 의한 차별을 금지하는 시민법 조례와
정면으로 배치되는 문제를 비롯하여 문제가 많은 데도 불구하고 여전히 시행되는 이유
를 찾아보자.

3-4 미국의 *Webster's New International Dictionary*와 영국의 *Oxford English Dictionary*
를 비교해보자.

3-5 캐나다 Quebec, Acadia 지방 사람들이 선호하는 여행지 중의 하나가 미국의 루이지애
나 주이다. 그 이유를 생각해 보고 예컨대 영국인들과 남대서양의 St. Helena 섬이나
남태평양의 New Caledonia 섬과 프랑스인들의 경우를 연상하여 영어권과 불어권에 속
하는 사람들의 세계 여행지를 상상해보자.

3-6 남부방언에서 '눈 방언'(eye-dialect)이 생겨난 배경을 생각해 보고 다음 '눈 방언'을 표
준영어로 옮겨 보자.

Introducshun. . . . Heah, yawl will discovah thet the English language iz spoke like it oughta be spoke. . . . Yawl must know thet whin the settlers came ovah the big watah years ago, the smartest ones picked the mountain areas uv the Sowth to settle in . . . heah they remained isolated 'n thair speech, even aftah many, many years, remained the same az thair forefathahs ovah in Shakespears's part uv England. (Schneider 2011: 89)

Keywords

Affirmative Action

background check

business magnate

Chinese Exclusion Act

Civil War

Confederalist

Dirty Thirties

Gold Rush

Homestead Acts

Jamestown Colony

Louisiana Purchase

Mardi Gras

Oregon Trail

Plymouth Colony

quota system

Roanoke Colony

Salem witch trial

secession

Southern Drawl

the Grapes of Wrath

the Great Witch Craze

The Scarlet Letter

To Kill a Mockingbird

Union

vigilant mourning period

American Revolutionary War

Blue Back Speller

Cajuns

Civil Rights Act

condolence flowers

Declaration of Independence

Dust Bowl

Good Samaritan Law

invisible hand vs. visible hand

Jim Crow Laws

Loyalists

Melting Pot

Pilgrim Fathers

Quebec

red states vs. blue states

Salad Bowl

Santa Fe Trail

Seven Years' War

Thanksgiving Day

the Great Depression

the Mason-Dixon Line

Theodore Roosevelt vs. Franklin Roosevelt

Underrepresented Minority

Union States vs. Confederate States

Wizarding World of Harry Potter

카리브 해 지역과 언어

4

콜럼버스가 아시아로 가는 항해 중에 예상치 못하게 발견된 카리브 해 도서들은 숙명적으로 스페인을 비롯한 유럽 열강들의 지배를 받게 되면서 생태계 전체의 변혁을 가져온다. 플랜테이션 작물재배에 필요한 노동력은 아프리카에서 데려온 노예들로 충당하고 수익 작물(cash crop)로서 사탕수수, 카카오를 외지에서 수입하여 재배하게 된다. 기존의 작물이나 원주민들이 새로 유입된 작물과 인종으로 전면적인 대체가 이루어진 것이다.

지리적으로 이 지역은 대안틸레스 제도(the Greater Antilles), 소앤틸레스 제도(the Lesser Antilles), 대륙지역(continental regions)으로 구분하는데 전자에는 쿠바, 히스파니올라 섬, 자메이카, 푸에르토리코, 케이맨 제도가 포함되고 후자에는 카리브 해 동서로 흩뿌려져 있는 일련의 작은 섬들을 일컬으며 대륙지역에는 가이아나(Guyana), 수리남(Suriname), 프랑스령 기아나(French Guiana), 벨리즈(Belize)가 포함된다. 언어상 스페인어 사용자 2500백만(64%), 불어 800백만(20%), 영어 600백여만(14%), 네덜란드어 80만(2%), 나머지는 원주민 언어로 총 4,000만 정도의 인구가 거주하고 있다. 유럽인들의 언어와 아프리카 언어, 원주민들의 언어가 접촉하면서 크리올(creole)이 발달한 지역이며 그 중 대표적인 것이 Jamaican Creole이다. 역사적으로 악명 높은 삼각무역(Triangular Trade), 엘도라도(El Dorado)를 찾아 헤맸던 백인들의 자취가 남아 있는 곳이다. 연한 고용인(indentured servant)으로 반강제로 이주한 가난한 백인 유럽인, 인도인, 자바인들이 거주한 곳이기도 하다. 이곳 프랑스령 Martinique 섬 출신 프란츠 파농(Frantz Fanon)은 카리브 해 흑인들의 심리를 팩션(faction) 『검은 피부 흰 가면(*Black Skin, White Masks*)』을 통해 적나라하게 보여주고 있다.

본 장의 구성은 다음과 같다.

4.1 카리브 해 식민지 개척사
4.2 카리브 해 언어 현황
질문
Keywords

4.1. 카리브 해 식민지 개척사

제2장에서 콜럼버스가 아시아로 가는 서쪽 항로를 찾아 나선 것은 당시 이탈리아 출신의 지리학자 Toscalleli의 지도가 있었기 때문이었다고 지적한 바 있다. 이 지도(〈지도 6〉)를 살펴보면 대서양을 사이에 두고 유럽과 아시아가 마주보고 있을 뿐더러 대서양의 크기가 실제보다 상당히 작게 그려져 있다. 또 한 가지 주목할 만한 점은 북부아프리카에 위치한 모로코 서쪽으로 불과 100km 해상에 점점이 떠있는 카나리아 제도(Canary Islands)가 콜럼버스의 꿈을 부풀렸는지 모른다는 것이다. 이 섬은 1402년 스페인이 점령하여 콜럼버스 항해 당시 스페인들에게는 잘 알려진 상태였다. 콜럼버스가 첫 항해에 나섰을 때 기함 Santa Mario호가 이끄는 3척의 범선은 스페인을 떠나 카나리아 제도에 도착한 후 보급품을 보충하는 등 여장을 재정비하여 출발한다. 현대의 정밀한 지도를 보면 카나리아 제도와 카리브 해 섬들은 거의 동일한 위도에 걸쳐 있음을 알 수 있다. 이를 알 리 없었던 콜럼버스는 짐작컨대 항해시간 단축을 위해 나침반을 정서 쪽으로 고정시키고 항해를 한 것으로 보인다. 1492년 8월 3일 출항 후 콜럼버스가 약속한 40일이라는 기한을 며칠 넘기기는 했지만 10월 12일 "육지다!"라고 환호성을 지르며 일제히 마주친 곳은 카리브 해 미국 플로리다 주 인근 바하마제도(the Bahamas)이다. 하마터면 흥분한 선원들의 요구대로 빈손으로 스페인으로 돌아갈 뻔한 순간이었다. 카리브 해 지역 도서들이 카나리아 제도의 정서 쪽에 위치해 있었기 때문에 가능한 우연한 발견(serendipity)인 것이다.

〈그림 39〉 Canary Islands: 신대륙 탐험, 무역의 중간 기착지(www.wikipedia.org)

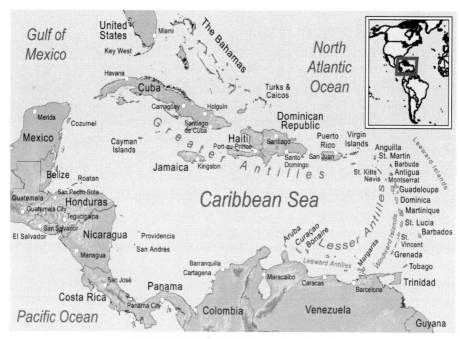

〈지도 23〉 카리브 해 국가들(www.wikipedia.org)

　　아시아에 도착했다고 철석같이 믿었던 콜럼버스가 스페인 이사벨라 여왕의 기대
에 부응하며 황금과 카리브 해 원주민 노예들을 가득 싣고 금의환향한 후 카리브 해
지역을 비롯한 북미, 중미, 남미 지역이 점차 스페인 정복의 터전이 된 것은 당연한
역사적 귀결이다. 현재 이 지역에는 약 4천만 명이 거주하고 있으며 쿠바, 히스파니
올라(Hispaniola), 자메이카, 푸에르토리코, 케이맨 제도(Cayman Islands)를 합하여 대
안틸레스 제도(the Greater Antilles), 동부의 작은 섬나라 버진 아일랜드, 바베이도스,
그레나다, 트리니다드 토바고 등을 소안틸레스 제도(the Lesser Antilles), 그리고 남미
북부의 가이아나, 수리남, 프랑스령 기아나, 멕시코와 과테말라 사이에 위치한 벨리
즈(Belize) 등 대륙지역으로 구성되어 있다. 30여개에 달하는 이 지역은 독립 국가를
이룬 곳이 다수이나 아직도 영국, 프랑스, 네덜란드, 미국, 베네수엘라의 지배를 받
고 있는 곳도 다수 있다. 인구수로는 대앤틸레스 제도에 3천만 명 가량, 소앤틸레스
제도에 4백만, 본토지역에 백오십만 명 정도 거주하고 있다.[39]

　　이 지역은 기본적으로 열대, 아열대 지역으로 스페인인들이 원했던 황금매장 지

역은 아니다. 대신 스페인들은 점차 열대작물 플랜테이션을 개척하여 자신들의 야망을 채워 나갔다. 열대지방이라서 작물은 2모작, 3모작이 가능하여 수지타산이 맞았던 것이다.

카리브 해 플랜테이션 작물로 제일 먼저 등장한 것이 사탕수수(sugarcane)이다. 사탕수수는 본래 인도 등 아시아에서 기원한 작물로서 아라비아를 거쳐 서양에 알려져 있었는데 콜럼버스의 1493년 제2차 항해 때 히스파니올라 섬에 처음 도입한 것이다. 유럽인들은 신대륙 발견 이전에 당분 섭취는 사탕무(sugar beet)에 의존해 왔다. 사탕수수는 줄기를 베어내거나 태우더라도 뿌리에서 줄기가 다시 자라나는 속성이 있어 현재도 기계농법에 의한 뿌리 손상을 막기 위해 인력(manual labor)에 의존한 농법을 고집하는 곳이 많다. 브라질 등에서는 기계화된 농법을 도입한 경우도 있지만 노동집약적 농업이어서 많은 노동력이 필요한 작물이다. 그래서 사탕수수의 도입은 카리브 해 생태계 전체를 바꾸게 된 결과를 가져온다. 우선 부족한 인력은 아프리카에서 데려온 노예들로 채워졌다. 원주민 상당수는 백인들 특유의 질병에 대한 면역력의 부재로 천연두(smallpox), 홍역(measles), 독감(flu) 등의 질병으로 소멸되다시피 하였다.

〈그림 40〉 17세기 카리브 해 사탕수수 플랜테이션(www.wikipedia.org)

---

39 한편 쿠바 북쪽에 위치한 바하마제도(the Bahamas)와 Turks and Caicos Islands(영국령)는 Lucayan Archipelago로 대소 안틸레스 제도와 분리하는 것이 보통이다.

수확한 사탕수수는 설탕으로 가공되기도 했지만 당시 카리브 해 사탕수수는 럼(rum)이라는 술을 만드는 원료로 사용되는 경우가 많았다. 럼주란 당밀(molasses)[40]이나 사탕수수 즙에서 직접 처리한 한국의 소주와 같이 증류주(distilled alcoholic beverage)인데 술 제조는 유럽이나 미국에서 이루어졌다. 여기서 악명 높은 삼각무역(triangle trade, triangular trade)이 생겨나게 된다.

〈그림 41〉 카리브 해 럼주 무역(www.wikipedia.org)

〈그림 42〉 삼각무역 스페인 Galleon 선: 복층 갑판이 특징이다. (www.unexplainedaustralia.com)

삼각무역이란 범선을 이용하여 대서양의 중앙을 종횡으로 누비면서 카리브 해를 비롯한 신대륙에서 설탕, 면화, 담배 원료 등을 유럽에 운반하여 설탕은 럼주의 재료

---

[40] 설탕 정제과정에서 추출되는 갈색의 미결정화 된 시럽으로 쓴 맛이 난다.

가 되고 면화는 면직물이나 그 밖의 공산품으로 가공하여 아프리카에 내다판다. 이 공산품을 싣고 온 배는 빈 배로 돌아가지 않고 대륙에서 사냥한 노예들을 가득 채워 실어 나르는 방식이다.

초기 삼각무역은 스페인이 주도하였으나 영국이 해상권 장악이 확실해진 18세기 중반 이후 카리브 해에서 생산된 원료들은 원거리 항해가 필요한 유럽 대신 미국에서 상품화시켜 미국의 뉴잉글랜드에서 럼주, 면직물, 총기류 등의 가공품을 만들어 되파는 방식으로 바뀌었다.

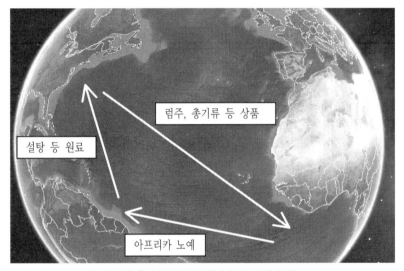

설탕 등 원료
럼주, 총기류 등 상품
아프리카 노예

〈지도 24〉 후기 삼각무역(18세기 중반~19세기 초)

유럽 국가들이 19세기 초에서 중엽까지 노예무역을 금지하는 법령을 공표하기까지 계속된 대서양 중앙을 가로지르는 이른바 중간항로(Middle Passage)를 통한 무역이라는 미명하에 자행된 인간과 물품을 맞바꾼 비인도적 거래(human trafficking) 뒤에는 말할 것도 없이 수많은 아프리카 흑인들의 애환과 희생이 깃들어 있다. 인류 역사상 노예무역은 고대 그리스 시대 이전부터 존속해 왔으나 근대 들어 15세기 포르투갈이 선구자이며 한때 중국의 해안지역에서 많은 중국인 노예들을 사로잡아 포르투갈로 납치해간 바 있다.

〈그림 43〉 노예선 내부(www.desur.com)

　항해 시간은 날씨의 영향이 컸는데 짧게는 한 달, 길게는 6개월이 걸리는 여정에서 항해도중 굶주림이나 질병으로 사망한 비율은 15%에 달한다. 서로 간 쇠사슬로 묶이고 족쇄를 찬 상태로 하루에 한 끼의 식사로 연명한 이들의 여정은 끔찍한 고문 자체였는데 노예 한 명이라도 더 태우려는 백인들의 야욕으로 개조된 노예선은 몇 겹의 갑판을 쌓아 올려 콩나물시루에 실려 가는 흑인들에게는 인간이 만들어낸 생지옥이나 다름없었다.

　카리브 해 플랜테이션 작물 중 사탕수수만큼 돈줄(cash cow, cash crop)은 아니었지만 히스파니올라 섬의 카카오(cacao)가 있다. 과육을 제거한 후 건조시킨 열매의 씨(cocoa)를 가공하여 초콜릿이나 음료로 개발하는데 본래 원산지는 멕시코이다. 스페인들이 16세기 중반 멕시코 마야문명과 아즈텍 문명을 접했을 때 카카오를 귀족들이 음료로 마시고 카카오 열매를 화폐로 거래할 정도로 귀한 작물이라는 것을 발견하게 된다. 이권에 밝은 스페인인들이 이를 목격하고 수익을 보장해 주는 작물로 개발할 기회를 놓칠 리 없었다.

〈그림 44〉 카카오 열매: 초콜릿 원료는 카카오의 속 열매(www.cacaobeanslavery.weebly.com)

〈그림 45〉 카카오나무와 초콜릿(www.wikipedia.org)

스페인의 카카오 플랜테이션의 유산은 도미니카 공화국 등에 남아 있어 현재도 이곳에서 대량의 카카오가 생산된다.

카리브 해 스페인인들이 남긴 또 하나의 유산은 기독교이다. 로마 가톨릭교를 신봉한 스페인인들은 기독교라는 선물을 주는 대가로 노동력과 황금을 가져온다는 어처구니없는 명분을 내걸었다. 콜럼버스가 건설한 최초의 식민도시 도미니카 공화국 산토도밍고(Santo Domingo) 성당에서 보듯이 식민도시는 중앙 성당을 중심으로 조성되었다. 콜럼버스는 신대륙 발견 후 "이곳이 에덴동산(the Garden of Eden)이다. 내가 발견한 어느 곳이든 십자가를 꽂을 것이다"라는 말을 한 것으로 전해진다. 그가 모험을 떠난 기함의 이름도 Santa Maria(Saint Maria), 즉 성모 마리아였으며 배의 돛에는 십자가가 선명하게 새겨져 있다. 스페인의 신대륙 진출이 로마 교황청의 열렬한 지지를 받은 이유가 여기에 있다. 이제 라틴아메리카는 세계 가톨릭계에서 차지하는 위상이 높아져 2013년 아르헨티나 출신 266대 교황 Pope Francisco를 배출하기에 이르렀다.

앞서 카리브 해 지역에는 대서양의 크고 작은 섬들뿐만 아니라 중남미 본토의 4개 지역이 포함된다고 지적한 바 있다. 먼저 남미 브라질과 베네수엘라 사이에 위치한 가이아나, 수리남, 프랑스령 기아나에 대해 살펴보자. 이 지역의 존재는 콜럼버스도 인지했지만 유럽인들에게 이 지역이 주목 받게 된 것은 1596년 이곳의 한 지역을 소위 황금의 도시 엘도라도(El Dorado)[41]라고 자신의 탐험기에서 밝힌 영국의 월터

〈그림 46〉 Santo Domingo 성당(도미니카 공화국)(www.getintravel.com)

롤리(Walter Raleigh)의 공이 크다. 그 후 영국, 네덜란드, 프랑스의 뺏고 빼앗기는 이 전투구 끝에 1814년 런던조약을 맺으면서 오늘날의 경계선이 정해졌다. 더구나 영국은 한때 이 지역을 네덜란드에게 뉴암스테르담(New Amsterdam 즉 현재의 New York)을 양보 받는 조건으로 양도했다가 다시 빼앗는 일까지 있었다. 스페인 기아나는 베네수엘라에 그리고 포르투갈 기아나는 브라질에 병합되었으며 나머지 지역은 3분되어 동부는 프랑스령 기아나로 프랑스 해외 영토 중 하나이며 대표자 1명이 프랑스 의회에 진출하고 있다. 영화 〈빠삐용〉(Papillon)으로 잘 알려진 지역이다. 18세기 후반 이 지역 쟁탈전에 합류한 프랑스는 포르투갈 기아나에서 이곳을 강탈하여 5만 6천여 명의 죄수를 보낸 악마의 섬(Devil's Island; Ile de Diabola) 수용소 등 6개 수용소를 세운 바 있다. 특히 악마의 섬은 프랑스의 드레퓌스 사건(Drefus Affair; 1894-1906)의 주인공 알프레드 드레퓌스(Alfred Drefus, 1859-1935) 대위가 5년간 복역한 수용소가 있었던 곳이기도 하다.[42]

---

[41] 신대륙 발견 후 서양인들의 황금에 대한 탐욕은 가히 광적이어서 현 남미 콜롬비아의 부족장이 성인식을 거행할 때 황금가루를 몸에 바르고 호수에 뛰어든다는 스페인어 El Rey Dorado(the golden king) 소문을 듣고 스페인들뿐만 아니라 유럽인들은 너도 나도 남미 아마존 강 북쪽을 샅샅이 뒤졌다. 결국 원하던 황금을 찾지 못하고 뒤늦게 El Dorado는 지어낸 이야기에 불과하다는 결론을 내렸지만 덕분에 남미 북부의 지도가 작성되었다.

〈그림 47〉 영화 〈Papillon〉(www.mouthshut.com)

〈그림 48〉 Alfred Drefus가 복역한 수용소: Devil Island, French Guiana-수감자의 바다 쪽 시야를 가리기 위해 담장이 쳐져있다. (https://www.agefotostock.com/age/en/Stock-Images/Rights-Managed/MEV-10204628)

---

42 이 사건은 문인 에밀 졸라(Emile Zola)가 1898년 1월 L'Aurore 지에 당시 프랑스 대통령에게 보내는 공개서한 형식으로 기고한 "나는 고발한다(J'Accuse!)"로 더욱 유명하다. 에밀 졸라는 이 사건을 독일과의 전투에 패한 프랑스인들의 반독감정(the spirit of anti-Germany)을 자극하여 악화된 대정부 여론을 만회하려는 불순한 책략의 일환으로 규정하고 한 무고한 유태인 장교의 억울함을 프랑스 국민들에게 호소하면서 사건해결의 실마리가 보이게 한다. 이러한 지식인들의 여론조성과 가족들의 오랜 법정투쟁 끝에 결국 알프레드 드레퓌스는 극적으로 누명을 벗고 명예를 회복하여 프랑스군에 복귀한다.

중앙지역은 1975년 네덜란드로부터 독립한 수리남(Suriname)이 자리하고 있다. 사탕수수 플랜테이션 노동자로 노예무역 금지 후 네덜란드의 식민지인 인도네시아 자바지역에서 연기/연한(年期/年限) 고용인(indentured laborer, indentured servant)[43] 신분으로 유입된 자바인들(Jabanese)과 영국의 식민지 시절 영국인들이 데려온 인도인들이 인구의 절반을 가까이 차지하고 있다. 기아나 지역의 가장 서부지역은 가이아나(Guyana)로 1966년 영국으로부터 독립한 지역으로 영국인들에 의해 유입된 인도인들이 절반을 차지하여 아프리카 노예출신의 흑인들과의 첨예한 인종적 갈등이 고조되어 있다.

멕시코 유카탄 반도에 위치한 벨리즈(Belize)는 1973년 영국으로부터 독립이전 까지는 영국령 온두라스(British Honduras)라 불리었던 지역으로 중미 대륙에서 유일하게 영국이 점령한 지역이다. 이들은 제2차 세계대전에는 영국군으로 참전하여 세계평화에 이바지한 바 있다.

4.2 카리브 해 언어 현황

현재 카리브 해 언어현황은 다음 지도에서 확인할 수 있다. 스페인어, 불어, 영어, 네덜란드어 그리고 지도에는 표시되어 있지 않은 원주민들의 토착어들이 쓰이고 있다.

---

[43] Indenture란 indent, 즉 "쑥 들어가게 하다"(to form deep recess in)에서 온 어휘로 본래 계약 문서는 두 당사자의 문서 가장자리가 톱니모양으로 들쭉날쭉하여 맞추면 들어맞게 된 데서 유래한다. 영국이 미국이나 아메리카대륙 진출 이후 특히 18세기에 노동자들 중에는 흑인 노예뿐만 아니라 유럽에서 온 가난한 백인들도 있었는데 일정한 기간 백인 주인에게 고용된 후 고용기간이 끝나면 자유인이 될 수 있었다. 일종의 백인 노예(white slave)들로 실제 계약서를 돈을 주고 팔아 다시 노예 신분으로 전락한 경우가 많았다. 이들 백인 노예 중에는 본인의 의사와 관계없이 강제로 납치되어 온 경우도 허다했다는 점에서 이들의 사회적 위치를 짐작할 수 있게 한다. 관련된 어휘로 문서작성에서 "들여쓰기"를 영어로는 indentation이라고 한다.

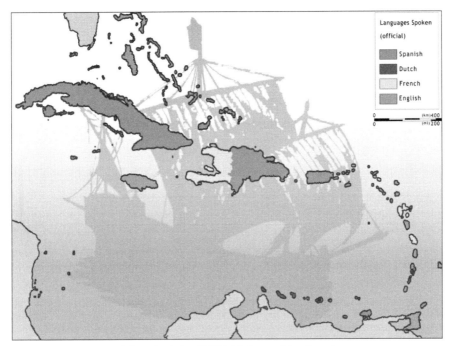

〈지도 25〉 카리브 해 언어 분포(www.wikipedia.org)

영어는 영국이 Saint Kitts(1624)와 Barbados(1627)에 영구 식민지 건설 이래 뿌리를 내려 18개 지역, 14%의 비중을 차지하며 인구수는 6백만 명 정도이다. 자메이카가 가장 큰 영어사용국가이다. 이 중에는 영어 크리올 사용자가 포함되어 있다. 자메이카는 1493년 콜럼버스의 상륙 이후 스페인 식민지가 되었으나 1655년 영국이 스페인인들을 축출하면서 1962년 독립할 때까지 영국의 지배를 받았다. 16-17세기에는 프랑스에서 쫓겨난 유태인들의 도피처가 되기도 했다. 대표적인 사탕수수 플랜테이션 지역으로 흑인노예들이 대량으로 유입되었고 노동자 중에는 인도와 중국에서 온 연한고용인(indentured servant)도 상당수 있었다. 현재 영연방의 일원이다. 자메이카 특유의 크리올 이면에는 이러한 복잡다단한 인종적, 역사적 배경이 깃들어 있다.

푸에르토리코(Puerto Rico)는 스페인령이었으나 1898년 미국 - 스페인 전쟁 이후 필리핀, 괌과 함께 미국에 양도되어 현재 미국의 해외 영토이다. 독립을 원했으나 미국 정부의 반대로 무산된 후 2012년 국민투표에 의해 미국의 51번째 주가 되는 안이 통과되었으나 미국 의회의 승인을 받지 못하고 있다. 2017년 허리케인으로 막대한 피해를 입은 후 전기, 수도시설 복구 등에서 미국정부의 지원이 기대에 미치지 못하자 이들의 미국정부에 대한 감정은 매우 악화되어 있다. 그러나 미국의 자치령이라는 정치적 이유에서 사태의 진전은 보이지 않고 있다. 푸에르토리코의 경제상황은 미국에 비해 매우 낙후되어 있어 2015년 국가부도(default) 위험에 처하기 했다. 2005년 이후 기록한 마이너스 경제 성장률도 해결해야 할 과제이다. 1947년부터 행정 자치를 위해 행정장관(governor)을 미국에서 파견하는 대신 스스로 선출하고 있고 미국 의회에 1명의 대표자를 보내고 있으나 전체 회의에서 투표권은 가지지 못하고 분과 위원회에서만 표결권을 갖는 제한된 권리를 행사할 수 있다. 언어는 스페인어와 영어가 동시에 공용어이기는 하지만 인구의 90% 이상이 스페인어를 일상생활에서 사용하고 영어는 10% 미만 사람들이 사용하고 있다. 공립학교 교육은 스페인어로만 해오던 것이 최근 들어 시범적으로 영어사용 학교가 소수 운영되고 있다.

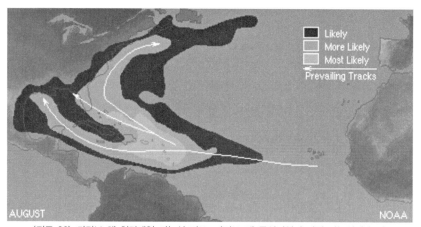

〈지도 26〉 카리브 해 허리케인 가능성 지도: 카리브 해 중심지역이 가장 가능성이 높다.
(http://www.odpm.gov.tt/node/21)

스페인어 사용자는 영어사용자의 4배 가량으로 64%, 인구수로는 2천5백만에 달하며 쿠바, 도미니카 공화국, 푸에르토리코가 인구의 대부분을 차지한다. 아르헨티나[44] 출신으로 쿠바 공산혁명가 체 게바라(Che Guevara, 1928-1967)가 의과대학 학생으로 중남미 곳곳을 여행하면서 가난과 억압에 시달리는 사회악을 해결하는 유일한 길은 공산혁명이라 결론짓고 1954년 멕시코에서 쿠바 혁명지도자 카스트로(Fidel Castro, 1926-2016)를 만나 쿠바 공산혁명 게릴라전에 가세한다. 결국 쿠바는 공산혁명에 성공하여 Fulgencio Batista 정권을 전복하고 카스트로를 정부수반으로 하는 공산주의 국가가 된다. 젊은 나이에 쿠바의 중앙은행총재를 맡아 토지 재분배 등을 단행하지만 미국의 경제제재 등의 문제에 봉착하자 쿠바를 떠나 아프리카 콩고(Congo) 게릴라군 양성을 주도하고 결국 남미 볼리비아 반군에 가세하여 혁명군의 일원이 되지만 정부군과 교전 중 체포되어 최후를 맞이한다. 평생 반미 친소적 (anti-United States and pro-Soviet Union) 입장을 고수했던 한 시대의 풍운아 체 게바라의 활동이 가능했던 것은 무엇보다도 카리브 해를 포함한 중남미 국가들은 대부분 히스패닉 (Hispanic)이라는 사회문화적 전통과 스페인어를 모국어로 공유하고 있기 때문이다.

불어는 20%, 800만 정도의 사용자가 있다. 아이티(Haiti)를 비롯하여 불어 크리올 지역인 Guadeloupe, Martinique, Saint Barthélemy, Saint Martin, Dominica, Saint Lucia 등에서 사용한다. 네덜란드어는 2%, 80만 정도의 사용자가 있으며 Aruba, Curaçao and Bonaire, Papiamento, Sint Maarten, Saba, Sint Eustatius 등에서 사용하며 제1언어가 아닌 제2언어로서 사용하는 경우가 많다. 아래 표는 카리브 해 국가들 전체 언어현황이다.

국가	인구(2001)	공용어	사용 언어
Bermuda	63,503	English	English
Anguilla	11,430	English	English, Anguillian Creole English, Spanish (immigrants)
Antigua and Barbuda	66,970	English	English, Antiguan Creole English, Spanish (immigrants)
Saint Lucia	158,178	English	English, Antillean Creole French, French
Dominica	70,786	English	English, Antillean Creole French, French, Haitian Creole (immigrants)
Bahamas	303,611	English	English, Bahamian Creole English, Haitian Creole (immigrants)
Barbados	275,330	English	English, Bajan Creole English

---

44 영어 발음은 [ɑrdʒənˈtiːnə]이며 스페인어 발음이 [arxenˈtina])이다.

국가	인구(2001)	공용어	사용 언어
Cayman Islands	40,900	English	English, Cayman Creole English, Spanish (immigrants)
Grenada	89,227	English	English, Grenadian Creole English, Antillean Creole French
Jamaica	2,665,636	English	English, Jamaican Creole English
Montserrat	7,574	English	English, Montserrat Creole English
Saba	1,704	Dutch	English, Saban Creole English, Dutch
Saint Kitts and Nevis	38,756	English	English, Saint Kitts and Nevis Creole English, Spanish (immigrants)
Sint Maarten	41,718	Dutch, English	English, St. Martin Creole English, Dutch, Papiamento (immigrants), Antillean Creole French (immigrants), Spanish (immigrants), Haitian Creole (immigrants)
Saint Martin	27,000	French	English, St. Martin Creole English, French, Antillean Creole French (immigrants), Spanish (immigrants), Haitian Creole (immigrants)
Sint Eustatius	2,249	Dutch	English, Statian Creole English, Dutch, Spanish (immigrants)
Trinidad and Tobago	1,169,682	English	English, Trinidadian Creole English Creole, Antillean Creole French, Spanish (immigrants)
Turks and Caicos Islands	18,122	English	English, Turks and Caicos Creole English, Spanish (immigrants), Haitian Creole (immigrants)
Saint Vincent and the Grenadines	115,942	English	English, Vincentian Creole English, Antillean Creole French
British Virgin Islands	20,812	English	English, Virgin Islands Creole English, Spanish (immigrants)
United States Virgin Islands	108,000	English	English, Virgin Islands Creole English, Spanish (immigrants), Antillean Creole French (immigrants)
Guadeloupe	431,170	French	French, Antillean Creole French, Spanish (immigrants)
Martinique	418,454	French	French, Antillean Creole French, Spanish (immigrants)
Saint Barthelemy	6,500	French	French, French Creole, English
Haiti	6,964,549	French, Creole	French, Haitian Creole
Aruba	70,007	Dutch	Papiamento, Dutch, English, Spanish
Bonaire	14,230	Dutch	Papiamento, Dutch, English, Spanish
Cura ao	130,000	Dutch	Papiamento, Dutch, English, Spanish

국가	인구(2001)	공용어	사용 언어
Isla Cozumel	50,000	Spanish	Spanish
Isla de Margarita	350,000	Spanish	Spanish
Puerto Rico	3,808,610	Spanish, English	Spanish, English
Bay Islands, Honduras	49,151	Spanish	Spanish, English, Creole English, Garifuna
Cuba	11,217,100	Spanish	Spanish, Haitian Creole (이민자들)
Dominican Republic	8,581,477	Spanish	Spanish, Haitian Creole (immigrants), English (이민자들)

〈표 3〉 카리브 해 언어현황(www.wikipedia.org)

그러면 여기서 카리브 해 지역 영어권에 초점을 맞추어 보자. 카리브 해 영연방 (Commonwealth Caribbean)은 다음과 같다: Antigua and Barbuda, The Bahamas, Barbados, Dominica, Grenada, Jamaica, Saint Kitts and Nevis, Saint Lucia, Saint Vincent and the Grenadines, Trinidad and Tobago. 여기에 영연방에 가입하지 않았지만 영어 권에는 Belize, Guyana가 포함되며 미독립국으로 영국령인 Anguilla, British Virgin Islands, Cayman Islands, Montserrat, Turks and Caicos Islands, Bermuda와 미국령인 U.S. Virgin Islands가 포함된다. 카리브 해 각 지역의 영어를 비교해보자.

표준 영어: *Where is that boy?* /hwɛər ɪz ðæt bɔɪ/

- Barbados: 'Wherr iz dat boi?' ([hwer ɪz dæt bɔɪ]) (발화속도가 빠르고 또박또박 끊어지는 말투, rhotic, glottal stops)
- San Andrés, Providencia: 'Wer iz dat boi at?' ([hwer ɪz dæt bɔɪ at])
- Jamaica, Antigua and Barbuda: 'Whierr iz daht bwoy dey?' ([hweɪr ɪz dɑt bʷɔɪ]) (sporadic rhoticity; Irish, Scottish influence); or 'Wey iz dat boi?' [weɪ ɪz dæt bɔɪ] (non-rhotic))
- Belize: 'Weh iz dat bwoy deh?' ([weh ɪz dɑt bɔɪ deɪ]) (영국과 북아메리카 영어 영향, 음조가 무겁다.)
- Trinidad: 'Wey iz dat boy?'
- Bahamas: 'Wey dat boy iz?' (어떤 영우는 boy보다는 bey에 가깝다]

- Guyana, Tobago: 'Weyr iz daht boy/bai?'(도시) or 'Wey dat boy dey?'(농촌) ([weɹɪ ɪz dɑt baɪ]) (농촌과 도시지역에 따른 변이, 아프리카, 인도계, 표준영어에 대한 지식을 지니고 있는 경우가 많으며 간헐적으로 rhotic)
- Saint Vincent and the Grenadines: 'Wey iz dat boy dey?' ([weɪ ɪz dæt bɔɪ deɪ]) (non-rhotic)
- Belize, Nicaragua, the Bay Islands, Limón, Puerto Rico, and the Virgin Islands: 'Wehr iz daht booy?' ([weɹ ɪz dɑt buɪ]) (간헐적인 rhotic, "Creole" 발음과 매우 다른 발음)
- Dominica: 'Weh dat boy nuh?'/'Weh dat boy be nuh?' (거친 목소리 음조가 무겁다)

(www.wikipedia.org에서 자료 인용)

흥미로운 점은 이들 중 영국의 통치를 받았거나 현재 받고 있는 지역의 영어는 발음 등에서 영국영어와 뚜렷한 차이를 보이지만 철자법과 문법은 영국영어를 추종하고 있다는 것이다.

마지막으로 카리브 해 영어 크리올[45]을 보자. 언어학적으로 표준어와 크리올은 단절된 것이 아니라 언어의 연속체(continuum)의 양 극단이며 그 중간도 있다. 사회언어학에서는 다음과 같이 구분한다.

구분	명칭	사용자
표준어 ∧ ⋮ ∨ 크리올	acrolect	상류층
	mesolect	중간계층
	basilect	하류층

현지인들이 자신의 영어를 가리키는 Jamaican Patois는 공식적으로 Jamaican Creole이라 칭한다. 이는 영어를 기반으로 아프리카 말투가 가세하면서 발생한 언어이다. 17세기 서부, 중부 아프리카에서 끌려온 노예들이 영어를 사용하는 주인들과 접촉한

---

[45] 두 개 이상의 언어 혼합으로 발생하여 안정화된 언어형태이며 모국어 사용자가 존재하는 점에서 모국어 사용자가 부재하고 제2, 제3언어 등으로서만 존재는 피진(pidgin)과 차별화된다.

것이 계기가 된 것이다. 자메이카 표준영어(Jamaican Standard English)와 달리 여러 인종 언어 간의 접촉에서 발생하였으며 점차 자메이카에서 권위를 인정받고 있다. Bocas del Toro Creole, Limonese Creole, Colón Creole, Rio Abajo Creole, San Andrés - Providencia Creole 등과 사회문화적으로 연결되며 플랜테이션 노동자들의 유입과 밀접한 관계가 있다. 다음의 경우이다.

/mi a di tiʃa/ (I am a teacher)(a는 진행, 완료 등의 문법적 상(aspect) 표시)
/wi de a london/ (We are in London) (de는 동사 '장소에 산다')
/mi ole nau/ (I am old now)

다음 Jamaican Creole 주기도문(Lord's Prayer)을 보자. 문법, 어휘의 측면에서 표준영어와 상당한 차이를 보이고 있음을 알 수 있다.

Wi Faada we iina evn, Our Father in heaven
mek piipl av nof rispek fi yu an yu niem. hallowed be Your name.
Mek di taim kom wen yu ruul iina evri wie. Your kingdom come,
Mek we yu waahn apm pan ort apm, Your will be done,
jos laik ou a wa yu waahn fi apm iina evn apm on earth, as it is in heaven.
Tide gi wi di fuud we wi niid. Give us this day our daily bread,
Paadn wi fi aal a di rang we wi du, and forgive us our debts,
siem laik ou wi paadn dem we du wi rang. as we also have forgiven our debtors.
An no mek wi fies notn we wi kaaz wi fi sin, And lead us not into temptation,
bot protek wi fram di wikid wan. But deliver us from evil.

(www.wikipedia.com에서 인용)

Belizean Creole은 벨리즈 시티 대부분의 시민들이 사용하며 도시 밖의 경우도 제2언어로서 사용하여 벨리즈의 공통어(lingua franca) 역할을 한다.

〈그림 49〉 Honduran Caravan: 2018년 11월 멕시코 한 지역을 통과하고 있다.
(https://www.dallasnews.com/news/immigration/2018/11/20/)

2018년 후반 본래 Beliz와 한 나라였던 온두라스(Honduras)에서 자국 내 정치적 부패와 만성적 가난을 탈피하여 소규모로 출발한 이주자(migrant)들이 과테말라 (Guatemala)를 거쳐 멕시코 국경에 이르는 이른바 온두라스 대상(Honduran Caravan) 들이 북쪽으로 이동하는 사태가 발생했다. 이들의 궁극적 목적지는 미국이었다. 최근 시리아 사태로 난민들이 열차로 유럽행을 택한 반면 이들은 도보로 이동하며 과테말라, 멕시코를 거치는 동안 대열은 점차 불어나 8,000여명에 달하여 캘리포니아 미국 국경에 도달하여 이들을 제지하는 미국과 멕시코 국경수비대와 충동을 빚었다. 군을 동원하는 사태까지 악화되지는 않았지만 중남미 지역의 정치사회적 불안정 상황을 보여주는 단면으로 이해할 수 있다. 수천 명의 젊은이들이 떼 지어 뙤약볕에 배낭 하나 메고 뚜벅뚜벅 걸어가는 모습은 순례자나 십자군 원정대나 전쟁을 피해 망명(asylum)을 하려는 피난민 대열로 보이나 분명한 것은 전쟁이나 종교적 이유는 아니고 이들의 입을 빌면 보다 나은 삶을 찾아 길을 나선 것(to seek a better life) 뿐 이라는 것이다.

크리올과 관련하여 인간의 언어가 심리적으로 미치는 영향을 다룬 정신과 의사 (psychiatrist) 출신의 작가 Frantz Fanon의 소설 『검은 피부 흰 가면(*Black Skin, White Masks*, 1952)』[46]이 있다. 카리브 해 식민지 지배하의 흑인 주인공들이 백인들의 언어를 익혀 자신의 사회적 신분 상승 욕구를 충족시키지만 백인 사회의 진정한 일원이 되지 못하면서 겪는 심리적 갈등을 다룬다. 카리브 해 Martinique 섬 지배민족인 프랑스인을 생김새, 생활방식 등에서 닮을수록 심리적 자기기만적 자기만족에 빠진 이 섬 주민들의 의식의 흐름을 파헤친 것이다. 특히 말투(accent)에서 프랑스인들에 근접할수록 백인인양 행세하고 불어통역을 하며 자신은 더 이상 흑인이 아닌 양 으스대는 흑인통역들의 위선적 모습을 혐오하고 있다. 프랑스인들의 흑인이면 자신들과 말투가 다를 것이라는 고정관념도 인간의 한계를 보여주는 듯하다. 작가 파농은 왜 흑인들은 인간으로서 주체적인 인격체가 되지 못하고 자기비하 늪에서 헤어나지 못하는가에 백인사회뿐만 아니라 흑인들 스스로에게도 분노한다. 이러한 일련의 문제는 인류학, 심리학에서 논하는 문화변용(acculturation) 현상에 해당하는데 이는 두 문화가 접촉하면서 의복, 음식, 언어 등이 달라지면서 문화뿐만 아니라 인간의 심리적 변화가 동반되는 현상을 가리킨다.

〈그림 50〉 Frantz Fanon의 *Black Skin, White Masks*(www.amazon.com)

---

46 이 저술은 전통적인 소설의 범주에 넣기에는 주저되는 점이 많다. 프란츠 파농이 프랑스 리옹(Lyon)대학에 제출한 의과대학 박사학위논문을 개작한 것으로 소설로 볼 경우 faction(fact+fiction)으로 분류할 수 있다. 제3의 인물이 아닌 작가 스스로가 소설의 주인공이라는 점도 특이하다. 정치적으로 급진적 마르크스주의자(Marxist)였던 그의 이념적 성향이 강하게 투영되어 있다.

4-1 카리브 해는 플랜테이션에서 주로 재배한 작물과 함께 주민들도 타지에서 이주한 사람들이다. 원주민과 자연 상태계가 사라지고 새로운 유형의 인간과 자연생태계가 등장할 경우 일어날 수 있는 여러 가지 scenario를 상상해보자.

4-2 콜럼버스는 4차례 카리브 해 지역을 항해했음에도 생전에 자신이 발견한 지역이 유럽인들이 몰랐던 새로운 대륙이라는 사실을 인지하지 못하였다. 만일 콜럼버스가 이 사실을 알았다면 어떤 점이 달라졌을까?

4-3 콜럼버스는 카리브 해 도착 후 일방적으로 원주민들이 이해하지 못하는 스페인말로 무조건 자신들의 명령을 따를 것을 선포하면서 순종적이지 않은 주민들을 학살하는 등 가혹행위를 서슴없었던 것으로 알려져 있다. 그럼에도 Hispaniola 섬 도미니카 공화국에는 대규모 콜럼버스 기념물이 세워져 있고 콜럼버스의 유해는 실제 스페인 세비야(Seville) 성당에 4명의 왕이 받드는 관 속에 안치되어 있는데도 자신의 나라에 있다고 도미니카 인들은 믿고 있다. 이 논란이 의미하는 바는?

4-4 2014년 Einstein의 상대성이론을 기초로 한 노(老) 물리학자가 주도한 과학영화이며 Hollywood blockbuster 영화 〈Interstellar〉의 주제는 마름병(blight)으로 인한 식량자원이 고갈된 지구를 버리고 인간이 거주할 만한 다른 우주 식민지(space colony)를 찾아 나서는 것이다. 거대한 우주 정거장(space station) 건설을 Plan A로, 인간 냉동수정란(frozen embryo)을 다른 행성에 보내는 것을 Plan B로 세워 지구 종말 후 인류의 탈출구를 모색하는 것이다. 이 영화 주제와 15세기 이후 서구인들의 식민지 개척과 비교해보자.

Keywords

acculturation

Barbados

Belize

cacao

Caribbean Pirate

El Dorado

French Guiana

Hispanic

Honduran Caravan

Jamaican Creole

mesolect

Puerto Rico

Suriname

the Lesser Antilles

acrolect

basilect

Black Skin, White Masks

Caribbean creoles

Che Guevara

Frantz Fanon

Guyana

Hispaniola

Indentured laborer/servant

Jamaican Creole

movie 〈Papillon〉

sugarcane

the Greater Antilles

Triangular/Triangle Trade

남반구 지역과 언어

5

17세기 인도네시아 식민지 경영을 하던 네덜란드인들에 의해 유럽에 알려지게 된 호주, 뉴질랜드 지역은 1768년 영국 왕실의 비밀 특명을 받은 영국해군 장교 제임스 쿡(James Cook)에 의해 탐험이 시작된다. 식민지 역사는 탐험 후 20년이 지난 1788년 영국의 기소자 778명이 포함된 1천여 명이 현재의 시드니 만에 도착하면서 시작된다. New South Wales 식민지를 시작으로 1836년 South Australia, 1840년 New Zealand, 1851년 Victoria, 1859년 Queensland, 1863년 Northern Territory 식민지가 개척된다. 1800년대 중반 금광 발견으로 인한 인구 유입, 양 목축업 발달 등으로 19세기 후반부터 범죄자 식민지(penal colony) 이미지를 벗어나기 시작한다. 19세기 말 인구가 350만에 달하면서 영국으로부터 독립을 추진하여 1901년 미국 독립을 모델로 하되 영국과 독립전쟁 없이 평화적으로 영국 빅토리아 여왕의 승인을 얻어 독립국가가 된다. 현재 6개주, 2개 특별 자치구의 행정체제를 가지고 미국의 주와 마찬가지로 각 주는 외교, 군사권을 제외하고 자치권을 행사한다. 1950년까지 백호주의(White Australia Policy) 정책으로 아시아인 유입을 차단하였다. 정치는 보호주의자당, 자유무역당, 노동당 등 3당 체제를 유지하고 있다. 최근에는 원주민들에 대해 유화정책으로 전환하였다. 호주영어는 영국영어 특히 카크니(Cockney) 방언의 뿌리가 깊으나 최근 미국영어 영향도 무시할 수 없다.

뉴질랜드는 인간 거주가 700년 전에 시작될 정도로 역사가 짧으며 영국의 정복 과정에서 원주민 중 마오리(Maori) 족의 저항이 거셌으며 2013년 현재 인구의 14.9%를 차지하는 이들의 입김이 호주 원주민들에 비해 매우 강하다. 1907년 영국의 자치령(dominion)을 거쳐 1947년 완전히 독립하였지만 영연방 일원으로 영국과 강력한 동맹관계를 구축하고 있다. 호주영어와 마찬가지로 영국영어가 기반이며 최근의 미국영어의 영향도 무시할 수 없다.

남아프리카 공화국은 아프리카 최남단으로 아시아로 진출하는 중간기착지로서 유럽 국가들의 각축장이 되었으며 특히 네덜란드와 영국의 다툼이 치열하였다. 1880년대에는 금광이 발견되면서 영국과 네덜란드 간의 보어전쟁(Boer Wars)으로 비화되어 결국 영국이 주도권을 장악하게 된다. 언어상으로 네덜란드어를 기반으로 현지 언어가 섞인 Afrikaans는 남아프리카 지역에서 공통어(lingua franca)역할을 하며 가장 널리 사용되는 제2언어로서 11개 공용어 중 3번째로 사용자가 많다. Boer인으로 불리던 네덜란드 인들은 현재는 Afrikaner로 불리며 자신 인종들을 보호하기 위한 아파테이드(Apartheid) 정책은 악명이 높기로 유명하다. 남아프리카 영어는 상층, 중층, 기층방언으로 나뉜다.

본 장의 구성은 다음과 같다.

5.1. 호주·뉴질랜드

① 호주의 역사와 언어

호주대륙을 처음 발견한 사람은 네덜란드 동인도회사 소속 항해사 Willem Janszoon으로 1606년이다. 인도네시아 식민지를 개척한 네덜란드 인들이 인도네시아 남부 해양을 탐험하면서 지리적으로 가까운 이 지역이 시야에 들어온 것으로 보인다. 그 후 계속하여 네덜란드 인들이 호주대륙 해안지역 항해 기록이 나타나기는 하나 실제로 육지에 상륙한 것은 아니다. 호주 땅에 첫발을 내디딘 유럽인은 1688년 영국의 윌리엄 댐피어(William Dampier, 1651-1715)이다. 그는 『신 네덜란드로의 여행(A Voyage to New Holland)』이라는 두 권의 탐사기를 써 서양인들에게 호주 존재를 알렸다. 아래 〈지도 26〉에서 보는 바와 같이 호주에 대한 본격적인 탐사는 영국해군(Royal Nvay)과 왕립학회(Royal Society)에서 추진한 제임스 쿡(James Cook, 1728-1779)의 제1차 항해(1768-1771) 때 이루어졌다. 그에게 영국해군에서 부여한 명목상 임무는 영국을 출발하여 남미 최남단 혼 곶(Cape Horn)을 돌아 태평양으로 서진한 후 타히티(Tahiti) 섬[47]에서 금성(Venus)의 움직임을 관찰하는 것이었다. 당시 18세기는 아이작 뉴턴이 중력의 법칙, 천체의 움직임을 수학적으로 설명한 이후 천문학에 대한 호기심이 한창 고조된 시대였다. 그러나 타이티 섬에서 비로소 개봉한 비밀문서 내용은 남진하여 지금의 '미지의 남반구 땅'(unknown southern land) 존재를 확인하라는 것이었다. 제임스 쿡은 이 비밀작전을 충실히 이행하며 남태평양을 항해하여 뉴질랜드를 거쳐 1770년 호주 동부해안에 도착하였다. 쿡 선장은 지도제작 전문가(cartographer)로서 뉴질랜드 섬과 호주대륙 남동부 지역 지도를 제작한다. 이곳

---

[47] '인위적이고 틀에 억매임(everything that is artificial and conventional)에서 탈출하고자 문명사회를 떠난다'라고 선언한 프랑스의 화가 폴 고갱(Paul Gauguin)이 한때 지낸 섬이며 타이티에서 고갱의 삶은 Somerset Maugham(1874-1965)의 소설 『달과 6펜스(the Moon and Sixpence, 1919)』의 소재가 되었다. 현재 French Polynesia 섬 중의 하나로 프랑스령 기아나와 마찬가지로 프랑스 해외영토(overseas territory) 중의 하나이다.

을 장차 네덜란드나 스페인, 프랑스가 아닌 영국이 차지하기 위한 영국 조지 3세 (George III; 1738-1820: 재위 1760-1820)의 의지를 현실로 만들기 위한 것이다. 쿡 선장 일행은 시드니만(Botany Bay), 대 산호초대(Great Barrier Reef)를 비롯한 호주남동부를 거쳐 인도양을 지나 아프리카 남단 희망봉(Cape of Good Hope)을 돌아 귀국길에 오른다.

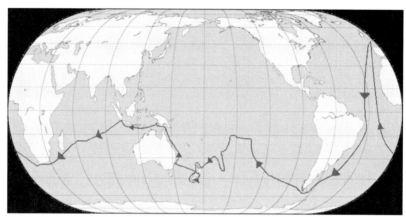

〈지도 27〉 제임스 쿡(James Cook) 제1차 세계일주(1768~71)(www.wikipedia.org)

제임스 쿡 호주 탐사 항해 후 영국, 프랑스인들의 탐사는 해안지도 작성부터 시작하여 1811년 호주 대륙 전체의 윤곽을 그린 지도가 완성되었고 호주 내륙 탐험은 20세기 초까지 계속되었다. 제임스 쿡은 세 차례에 걸쳐 태평양을 항해하며 뉴질랜드에서 하와이에 이르는 남태평양에서 수많은 섬들의 지도를 제작하고 섬들의 이름을 짓는다. 이러한 일이 가능했던 이유는 십대부터 쌓은 항해 경험이 있었기 때문이다. 영국 상인해군(British Merchant Navy)으로 복무하며 캐나다 세인트로렌스 강 하구, 뉴펀들랜드(New Foundland) 지도제작 임무를 수행한 바 있다. 호주 대 산호초대를 통과하면서 이들이 승선한 인데버(the Endeavor) 호는 심하게 파손되어 인도네시아 자바(Java) 섬 Batavia(현 Jakarta)의 네덜란드 동인도회사에서 배를 수리하여 재출항한다. 이때 호주 대륙 발견 사실은 선원들에게 함구령을 내릴 정도로 호주대륙 탐험은 쿡 선장에게 영국 국운을 건 대역사였다. 〈007〉 영화의 제임스 본드를 방불케 하고도 남는다. 불행히도 그는 1776-1779년 3차 항해 중 하와이에서 원주민들과 충돌과정에서 숨진다.

〈그림 51〉 James Cook선장의 Endeavour 호 모형: 시드니 국립해양박물관
(https://en.wikipedia.org/wiki/HMS_Endeavour#/media/File:HM_Bark_Endeavour_Replica._Sydney.jpg)

호주의 백인 영구정착은 1788년 1천여 명이 승선한 11척의 범선이 현재의 시드니 만에 도착하면서 시작되었다. 이중에는 778명의 추방자(deportees)나 기소자(convicts)가 포함되어 있었다. 소위 범죄자 식민지(penal colony)의 불명예로 시작한 것이다. 그러나 영국에서 범죄자들을 해외 식민지로 보내는 관행은 호주가 처음이 아니라는 것을 상기할 필요가 있다. 실제 호주가 영국의 범죄자 유배지가 된 것은 과거에 미국이 유배지 역할을 해왔던 것이 1776년 독립하면서 장소가 바뀐 것뿐이다. 호주로 가는 첫 영국인들 중에는 장차 이민자들을 다스릴 사람으로 본국에서 임명한 해군 제독 아써 필립(Arthur Phillip, 1738-1814)이 승선하고 있었다. 도착 직후 그는 공식적으로 시드니 지역을 New South Wales 식민지로 선포한다.

〈그림 52〉 Norfolk 형무소: 호주와 뉴질랜드 중간(호주 동부 1412 km)에 위치(www.telegraph.co.uk)

1788년부터 1868년까지 80년 동안 영국에서 호주로 추방된 범죄자는 16만여 명에 이른다. 이중에는 정치범에 해당하는 아일랜드인들도 다수 있었다. 이들 대부분이 형기를 마치거나 감형된 후 본국에 돌아가기보다 호주에 정착한 경우가 많았다. 식민지는 계속 증가하여 1836년 South Australia, 1840년 New Zealand, 1851년 Victoria, 1859년 Queensland, 1863년 Northern Territory가 세워진다. 본국으로부터 호주로의 범죄자 후송은 1840년부터 1868년 사이에 막을 내리게 된다.

1850년대부터 1890년대까지 호주의 남부, 서부지역에서 금광이 발견되면서 경제적 호황을 누리게 되고 유럽과 중국 이주민들이 증가한다. 금광산업이 1850년 이후 점차 쇠퇴하지만 농업과 축산업이 육성되어 1891년에 호주 목초지 양의 수는 1억 마리를 넘어서게 된다. 범죄자 유배지의 속성상 남녀 성 비율 불균형, 중국인 노동자와 백인 간의 대결 등의 진통을 겪었지만 1900년대가 되면서 호주는 인구는 370만 명에 달하게 되었다. 이미 1880년 후반에 영국으로부터의 독립을 원하는 분위기가 무르익어 10여년의 국민투표 등 준비과정을 거쳐 1900년 영국의 빅토리아 여왕(Queen Victoria)의 재가를 얻어 호주는 미국과는 달리 전쟁을 거치지 않고 영국으로부터 평화적 절차를 거쳐 1901년 1월 독립하게 되었다. 호주는 영국으로부터 독립하는 과정에서 미국의 경우를 반면교사로 삼은 것이다. 다음 1889년 New South Wales 수상 헨리 파커스(Henry Parkers, 1815-96)의 연설을 보면 알 수 있다.

> 호주는 이제 350만의 인구를 갖게 되었는데 미국이 연방국가를 구성할 때 인구는 3, 4백만 명이었습니다. 자 이제 숫자가 비슷해졌으니 우리 모국 영국과 관계 단절 없이 미국이 전쟁에 의해 해낸 일을 우리는 평화롭게 성취할 수 있게 되었습니다.

> The American people numbered only between three and four million when they formed the great commonwealth of the United States . . . Surely what the Americans did by war, the Australians can bring about in peace.

현재 6개주, 2개 특별자치구(Northern Territory, Australia Capital Territory) 연방체제를 갖춰 미국의 50개주 1개 특별자치구(Washington D.C.)의 연방국가와 유사하다.

각 주가 미국과 마찬가지로 외교와 군사문제를 제외하고 자치 권한을 갖는 점도 미국과 동일하다.

〈지도 28〉 호주연방: 6개주, 2개 특별자치구

〈그림 53〉 양털 깎기(www.wikipedia.org)

1901년 공식 독립국가(Commonwealth of Australia) 호주 의회가 첫 번째로 통과시킨 법안은 공교롭게도 아시아인 이민을 전면 금지하는 법안이었다. 이 법안 발의는 중국인 이주자와 남태평양 연기근로자(indentured laborer, servant)들에 대한 자국 내 백인들의 비등하는 반감이 투영된 것이다. 이러한 '백호주의'(White Australia Policy)는 모든 비유럽인들의 호주 이민을 금지하는 것으로 1890년부터 1950년까지 지속되었으며 일부 조항은 1970년까지 효력을 발생했다. 노골적으로 백호주의란 표현은 쓰지 않았지만 내용은 그러했다. 아시아인 혐오주의는 미국의 경우와 크게 다르지 않다. 실제로 이러한 움직임은 호주 역사에 1860년 금광 노동자로 유입된 중국인들에 대한 반감에서 비롯되었는데, 이유인즉 수가 너무 많고 종교가 다르고 유럽출신 호주인보다 더 열심히, 오래, 싼 임금에도 일한다는 것이다. 더군다나 도박이나 마약에 쉽게 손대며 호주인 삶의 수준을 저하시키고 민주주의를 위협한다는 것이다. 결국 수적으로 많아 '황색위험'(Yellow Peril)을 일으킬 가능성이 있기 때문이라는 것이다.

1901년 연방국가가 되면서 세계 최초로 여성에게 참정권(suffrage)을 주는 등 일견 진보적인 정부를 구성했으면서도 배타주의적 민족주의 정서는 반비유럽인 정서(anti-non-European sentiment)로 변질되고 원주민들의 참정권도 불허하였다. 명분은 최고 수준의 서구경제, 사회, 문화수준 달성을 위해서 비유럽인들은 여기서 단호히 배제한다는 것이다. 이러한 배타주의적 정서는 제2차 세계대전 참전 이후 누그러지게 된다.[48] 호주는 두 차례의 세계대전에 영국군의 일환으로 참전하고 일본의 침공을 막기 위해 제2차 세계대전 때 미국과 긴밀한 동맹관계를 유지한 바 있다. 호주정부의 발표에 따르면 전후 인종과 관계없이 650만 명의 이민자를 허용하였다. 1996년 8만 5천명에서 2017년 20만 8천 명의 이민자를 허용할 정도로 최근의 호주 이민자

---

[48] 2015년 현재 아시아인 차별이 사라진 것은 아니다. 한 예로 미국의 아시아계(Asian-American)의 대학 졸업률은 52.4%로 미국 평균 29.9%보다 월등히 높은데도 불구하고 흑인, 히스패닉계보다 경영 관리직(managerial position) 진출자가 적다. 예컨대 컴퓨터업계를 보면 아시아계는 경영 관리직보다는 프로그램 개발에 종사하는 자가 대부분이다. 흔히 리더십, 의사소통능력(communication skill) 부재 등의 막연한 이유를 들어 승진의 기회가 빈번히 막히고 있다. 이러한 문제는 Jane Hyun(2005) *Breaking the Bamboo Ceiling: Career Strategies for Asians* 제목 하에 'bamboo ceiling'이라고 칭한 데서 비롯된다. Bamboo ceiling 은 여성에 대한 눈에 보이지 않는 차별을 가리키는 glass ceiling에서 파생한 표현이다.

유입은 세계에서 가장 규모가 크다. 2010년까지 영국이 최대 이민자 출신국가이던 것이 최근에는 중국 또는 인도출신이 가장 많다. 국가 경제에 해외 이민자들의 역할을 대체적으로 긍정적으로 평가하는 여론에 힘입은 것이다. 호주는 보호주의자당(Protectionist Party), 자유무역당(Free Trade Party), 노동당(Labor Party) 등의 3당 정치체계를 가지고 있다.

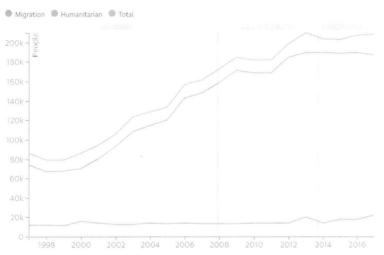

〈그래프 10〉 1996년 이후 호주 이민자 추세: 순수이민(migration)과 전쟁난민 등의 인도적 이민(humanitarian)
(https://www.theguardian.com/australia-news/2018/mar)

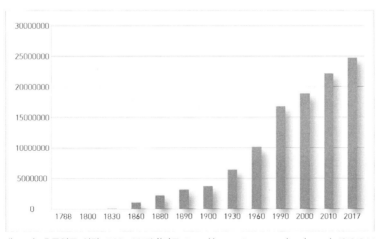

〈그래프 11〉 호주인구 성장 1788~2017년(자료: http://www.abc.net.au/btn/story/s4813194.htm)

호주 인구는 2003년 2천만 명을 넘어섰는데 최근 많은 이민자를 허용한 것이 인구 증가의 주요원인이며 2018년 호주 통계청 인구조사에 따르면 호주인의 1/4 이상이 외국 출생자이며 절반 이상이 외국 출생자이거나 이들의 자녀들이다. 2018년 현재 2천 4백 8십만 명이며 New South Wales(8백만), Victoria(6.4백만), Queensland(5백만), West Australia(2.6백만), South Australia(1.7백만) 등이며 수도 캔버라(40만), Tasmania(50만), Northern Territory(20만) 등 동남부에 치우쳐 있다.

원주민(aborigine/aboriginal)들과 관계를 살펴보자. 백인들이 호주에 정착할 때 원주민은 정확한 숫자는 알 수 없으나 35만에서 75만 명 정도, 250여개 언어를 사용하며 5만여년 전부터 거주해온 것으로 추정된다. 원주민들은 백인들이 정착한 후 신대륙에서 그랬던 것처럼 천연두, 홍역, 독감 등의 이유로 절반 이상이 사망하고 수차례 백인과의 충돌과정에서 다수가 사망한다. 2018년 80만 명, 즉 3%의 호주인이 원주민의 혈통을 이어받은 것으로 조사되며 원주민 비율이 가장 높은 곳은 Northern Territory로 6만 인구의 30%를 차지하고 있다.

〈그림 54〉 부메랑(www.tourism.austrlia.com)

최근 호주정부는 과거의 원주민들에 대한 적대정책과 그들의 문화 말살정책에 대해 사과하고 우호적이고 인도적인 대우를 약속한 바 있다. 2008년 Kevin Rudd 수상의 국회연설에서의 사례가 대표적이다.

〈그림 55〉 원주민 전통악기(www.culculture.blogspot.com)

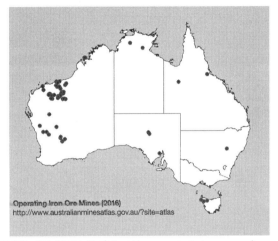

〈지도 29〉 호주 철광산 분포(https://www.marketindex.com.au/iron-ore)

　　호주 산업에서 수출, 특히 철광석, 석탄, 구리, 납, 니켈, 아연 등 원자재 (commodity) 수출이 큰 비중을 차지한다. 세계 최대 생산국이며 호주의 대표적인 수출품인 철광석(iron ore)은 주로 호주 서부지역에서 채굴된다. 여기에 관광(tourism)이 수출품 5위를 차지할 정도로 관광수입이 국가경제에 영향을 비치며 여기에 2018년 54만에 달하는 해외 유학생들이 호주 수출품 중 3위를 기록할 정도로 영어가 주 무기인 교육도 산업적으로 국가경제에 이바지하고 있다. 호주수출액의 30%는 중국, 12% 일본, 6% 한국일 정도로 경제적으로 한국은 이 나라의 중요한 경제 파트너이다. 그러나 중국과의 무역이 호주경제에서 차지하는 비중이 지나치게 커 최근 미국과 첨

예한 무역마찰(trade war)을 일으키고 있는 중국이 호주와 미국 관계에 영향력을 행사할 것이라는 우려를 낳고 있다.

〈그림 56〉 호주 노천 철광산(https://www.google.co.kr/search?q=australian+iron+ore+mines&rlz)

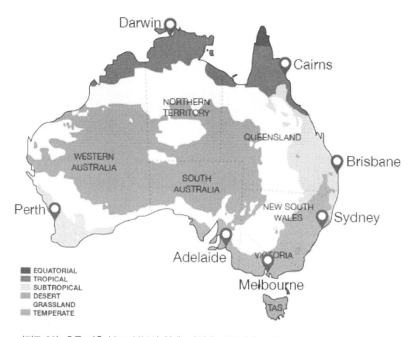

〈지도 30〉 호주 기후 분포: 북부의 열대, 아열대, 초목지대, 중앙의 사막, 남동부의 온대기후
(https://www.gostudy.com.au/australia/climate-australia/)

무엇보다도 호주의 기후환경에서 문제라면 수자원 부족일 것이다. 국토의 50%이상이 연강수량 300mm 이하인데 최근의 기후변화(climate change)로 인한 기온 상승과 잦은 가뭄이 문제의 심각성을 더하고 있다. 2006년 West Australia주 Perth를 시작으로 시드니, 멜번, 브리즈번 등의 대도시에서는 가뭄에 대비 해수를 담수로 전환시키는 담수화 시설(desalination plant)을 속속 건설하고 있다. 급수제한, sprinkler 사용횟수 제한이나 재처리된 하수(reclaimed water) 이용도 자주 볼 수 있다.

이제 호주 언어현황에 대해 살펴볼 차례이다. 뉴질랜드와 달리 수적인 면에서 백인에 비해 절대소수인 원주민 언어에 대한 언급은 약하기로 하고 호주영어에 대해서만 논하기로 한다. 범죄자로 유배된 최초의 정착민들은 영국남동부 출신들이 많았지만 영어를 거의 하지 못하는 아일랜드, 웨일즈, 고지 스코틀랜드 인들도 상당수 있었다. 점차적으로 호주영어는 이들 언어 간의 접촉에서 발달한 방언으로 자리매김한다. 1827년 호주에서 2년을 보낸 후 쓴 한 영국인 저술에는 "호주영어는 마치 디킨스(Charles Dickens, 1812-70) 시대의 화석화된 카크니(Cockney) 영어를 보는 것 같다"고 술회하고 있다. 카크니 영어란 영국 런던에서 교육받지 못한 사람들의 말투로 예컨대 Hampshire의 [h]를 탈락시키고 day와 die, puck과 put이 동음이의어로 발음한다.[49] 원주민 언어에서 유입된 kangaroo, wallaby, boomerang, koala, platypus, outback, eucalyptus 등의 어휘는 Aussie [ɔ:zi]라 불리는 호주인들이 영어에 기여한 어휘이다. 19세기 이후 미국영화의 영향으로 you guys, okay, gee 등이 유입되었다. 1986년에 제작된 호주 코미디 영화 〈Crocodile Dundee〉는 호주영화로서 미국인들의 취향을 의식하여 제작한 영화이지만 미국뿐만 아니라 전 세계인의 호평을 받은 바 있다. 이 영화 대사는 국제판(international version)과 호주판(Australian version)으로 나눠 후자는 호주인만 이해할 수 있는 slang이 가득 차 있다.

---

[49] 영화 My Fair Lady에서 주인공 Eliza가 쓰는 말투가 Cockney말투이다. 최근 영국영어는 오히려 과거 천시 받던 사투리를 흉내 내는 Mockney(mock+Cockney)란 또 다른 말투가 생겨날 정도로 이 방언에 대한 반감이 사라지고 있다.

<그림 57> 영화 〈Corcodile Dundee〉(https://www.theguardian.com/film/2018/jan/23/crocodile-dundee)

여기서는 발음과 어휘, 문법에 대해 간단히 논의해 보기로 한다. 우선 발음을 보자. 자음은 영국영어, 미국영어와 큰 차이를 발견할 수 없으나 모음의 경우는 뚜렷한 차이를 보이고 있다. 호주영어 모음 중 영국영어, 미국영어와 차이가 있는 경우는 〈표 4〉와 같다.

	영국영어	미국영어	호주영어
goose, boo	uː	uː	ïː
square, bare	ɛə	ɛə	eː
nurse, bird	ɜː	ɝ	ɜː
ask, bath	ɑː	æ	ɑː
goat, boat	oʊ	əʊ	əï
face, bait	eɪ	eɪ	aɪ
now, how	aʊ	aʊ	æʊ

〈표 4〉 호주영어 모음

자음의 경우는 미국영어와 마찬가지로 〈표 5〉에서 보는 바와 같이 설탄음화(flapping)되어 /t, d/가 [ɾ]로 발음된다.

	미국영어	영국영어	호주영어
writer, water	ɾ	t	ɾ
rider, ladder	ɾ	d	ɾ

〈표 5〉 호주영어 자음

어휘 측면에서 다음의 경우가 특이하다.

미국영어	호주영어
broil	grill
candy	lollies
emergency brake	handbrake
hood	bonnet
gasoline	petrol
windshield	windscreen
counter-clockwise	anticlockwise
math	maths
turn signal	indicator
pacifier	dummy
diaper	nappy

〈표 6〉 호주영어 어휘

문법의 경우는 다음과 같이 미국영어, 영국영어를 혼합한 듯하다.

미국영어	영국영어	호주영어
The government was	The government were	The government was
I would be happy	I should be happy	I would be happy
She resigned Tuesday	She resigned on Tuesday	She resigned on Tuesday
Thames River	River Thames	Thames River
one hundred ten	one hundred and ten	one hundred and ten
I studied medicine	I read medicine	I studied medicine

〈표 7〉 호주영어 문법

뉴질랜드는 호주와는 달리 인간이 거주한 역사가 지극히 짧다. 호주는 무려 5만여 전부터 인간의 거주가 시작된 것으로 보이나 뉴질랜드는 겨우 700년 전에 인간이 정주하기 시작된 것으로 추정한다. 그들이 바로 마오리(Maori)족이며 주로 북섬, 그것도 북섬 끝에 삶의 터전을 마련하고 있었다. 뉴질랜드의 남섬은 500-800년 전 숯으로 그린 동굴벽화가 인간 거주의 흔적으로 남아있다. 서양인들 중에는 1642년 인도네시아 소재 네덜란드 동인회사 소속 Abel Janszoon Tasman(1603-1659)이 최초로 뉴질랜드 존재를 파악한 것으로 전해진다. 1840년 이전에는 고래, 물개 사냥꾼들이나 항해자들의 기지 역할을 했지만 백인들의 영구 거주는 거의 없었다.

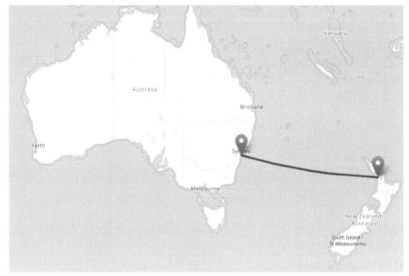

〈지도 31〉 호주와 뉴질랜드: 호주 Sydney에서 뉴질랜드 Oakland 비행거리는 3,450km이다.
(https://www.freemaptools.com/how-far-is-it-between-sydney_-australia-and-auckland_-new-zealand.htm)

1768-1771년 제임스 쿡의 제1차 항해 때 호주에 앞서 뉴질랜드에 도착하여 지도를 작성하여 호주에서 서쪽으로 3,500km 떨어진 고도이며 남북 2개의 섬으로 이루어진 뉴질랜드 섬은 영국인들뿐만 아니라 세상에 본격적으로 알려지게 된다. 1788년

호주에 첫 정착한 영국인들이 세운 New South Wales 식민지에 뉴질랜드도 포함되었으나 실질적인 영향력은 없었다. 1839년에 설립한 뉴질랜드 회사(New Zealand Company) 설립 후 영국인들의 진출이 본격화되었는데 1840년 와이탕기 조약(the Treaty of Waitangi)을 맺어 원주민들과 전쟁이 아닌 평화조약에 의해 땅을 넘겨받기를 원했다. 그러나 이 조약 문구에 대해 영국인들과는 상반되게 해석하는 원주민들과 마찰이 잦아들지 않았다. 언어와 문화가 전혀 다른 두 진영 간 의사소통 문제가 있었던 것이다. 1860년대 마오리 전쟁(Maori Wars)이 대표적이다. 원주민들이 이 조약에 서명할 때는 영국이 자신들을 보호해 주고 여러 가지 특전을 베풀 것이라고 기대했던 것이다. 마오리족 저항이 만만치 않자 이들과의 대결에서 우위를 점하기 위해서는 인구증가가 급선무였는데 1831년 1천 명에 불과하던 백인은 1881년 40만 명에 달할 정도로 폭발적으로 증가했다. 마오리족들은 초기에는 백인들 개개인에게 땅을 팔았으나 영국정부에서는 이를 금지하고 모든 토지거래는 정부만이 할 수 있도록 조치하여 영국 정부차원에서 원주민과 상대하려 하였다. 영국정부는 구입한 토지를 백인들에게 되팔며 백인사회를 이끌어 나갔다.

〈그림 58〉 마오리 전사(www.creativeroots.org)

여기서 주목할 점은 영국인들과 원주민들과의 관계가 중남미에서 스페인들과 원주민들과 관계와는 확연히 달랐다는 점이다. 뉴질랜드에서 영국인들은 원주민들에 대한 잔혹행위는 상대적으로 매우 드물었다. 자신들의 영역 확장과정에서 불가피하게 수많은 전쟁을 치렀지만 전쟁 때마다 영국군은 우세한 무기를 가졌음에도 빈번히 패하거나 피해가 막심하였다. 대영제국의 체면에 치명상을 입은 경우가 비일비재하였던 것이다. 마오리족을 비롯한 원주민들이 전투에 능한 면도 있지만 영국인들로부터 머스킷(musket) 총을 비롯한 무기를 구입하여 화력을 갖춘 것이 영국군들이 쩔쩔매게 된 것 원인 중의 하나였다. 호주와 마찬가지로 뉴질랜드에서 대규모로 양을 쳐 양모 산업이 발달했음에도 노예들을 활용한 역사가 전무하다. 그것은 이미 노예제도가 폐지된 이후에 진출한 개척지라는 점도 작용한 것이다.

뉴질랜드는 호주 New South Wales 식민지에 포함된 적이 있어 1901년 호주가 영국에서 독립하면서 연방제를 선언할 즈음 호주연방에 속하는 방안을 고려한 적이 있다. 결국 이를 포기하고 1907년 영국의 자치령(dominion)이 되어 영국으로부터 분리되기 시작하여 1947년 완전한 독립국가가 된다. 영국과는 호주보다 관계가 긴밀하여 제1, 2차 세계대전을 치르는 동안 인구비례 월등히 많은 군인들을 파견하여 영국군을 지원한 바 있다. 19세기 후반 남아프리카의 보어전쟁(Boer Wars) 때도 호주와 함께 참전하여 영연방의 일원으로서 혈맹관계를 재확인한 바 있다. 1950년 한국 6.25 전쟁 때도 뉴질랜드는 영국, 호주와 함께 참전 16개국 중의 하나이며 변함없는 영연방의 일원으로 영국과 생사를 함께 했다. 아프가니스탄 전쟁 때도 군대를 파견하였으나 이라크 전쟁에는 군대는 파견하지 않고 전쟁물자 지원을 한 바 있다. 1987년 통과되어 1991년부터 발효된 이민조례에 따르면 뉴질랜드는 영국, 유럽, 북아메리카 이주자들에 부여하던 우선권을 철폐하고 개인이 가진 기술(skills), 자질(personal qualities), 뉴질랜드 경제와 사회에 기여할 수 있는 잠재력(potential)을 점수제(point-based system)를 도입하였다. 캐나다 이민법과 유사하다. 〈그래프 12〉에서 보는 바와 같이 2011-2013년 국가별 이민지수는 영국이 매년 20만 명 이상으로 가장 많고 피지(Fiji), 사모아(Samoa) 등 남태평양 국가 출신이 매년 5만 명 이상 유입되고 있다. 중국, 인도 출신이 급증하고 있는 추세이며 이어서 호주, 남아프리카, 필리핀 등 영어 사용 국가 이민자들이 다수를 차지하고 있다. 한국 이민자도 매년 1만 명 가까운 것으로 나타나고 있다.

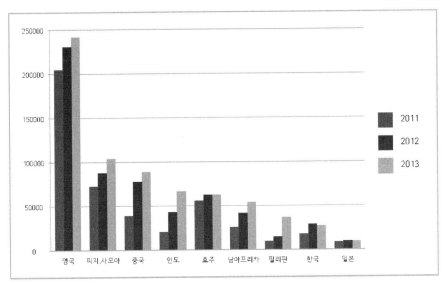

<그래프 12> 출신 국가별 뉴질랜드 이민자 2011-2013
(자료: http://www.populstat.info/Oceania/newzealc.htm)

〈그래프 13〉에서 보는 봐와 같이 뉴질랜드 인구는 2018년 현재 488만 5천명으로 2013년 436만 3천명에 비해 5년 사이 50여만 명이 증가하고 있는 등 꾸준히 증가추세에 있다.

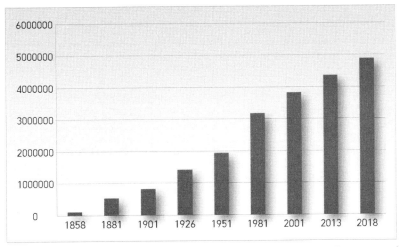

<그래프 13> 뉴질랜드 인구 증가 추세(자료: http://www.populstat.info/Oceania/newzealc.htm)

2018년 현재 뉴질랜드의 인종분포는 다음과 같다.

백인 74.0%
마오리족 14.9%
아시아인 11.8%
태평양인 7.4%

앞서 지적한 바와 같이 1880년부터 1920년대까지 뉴질랜드 의회에서 아시아인 이민 차단법을 통과시켜 시행해 오던 것이 1987년에 비로소 인종에 따른 이민정책을 중단 하였다. UN, 남태평양 섬 주민들에 대한 제한적인 이민 쿼터를 수용하고 인종보다는 기술과 능력에 따른 점수제를 시행하고 있으나 아직도 뉴질랜드 주류를 형성하고 있 는 백인집단에서 아시아인 유입에 대한 곱지 않은 시선은 가시지 않고 있다.

이 나라의 생태계도 호주와 마찬가지로 특색이 뚜렷하다. 특히 날지 못할 뿐더러 날개조차 없었던 거대한 몸집의 모아 새(Moa)는 백인들의 남획(overhunting)으로 멸 종한 것으로 잘못 알려져 있으나 실제는 백인들이 들어오기 훨씬 전인 1500년 이전 에 멸종한 것이다. 현재 뉴질랜드를 대표하는 새 키위(Kiwi)가 있다. 날지 못하는 면 에서는 모아 새와 같으나 닭 크기의 체구를 가지고 있어 신장 3.6m, 몸무게 230kg에 달했던 모아 새와는 비교가 되지 않는다. 흔히 '키위'란 단어는 새뿐만 아니라 뉴질 랜드 과일을 지칭한다. 그러나 과일 키위의 본래 명칭은 kiwifruit, Chinese gooseberry 로 중국 원산이다. 뉴질랜드인은 이 과일을 '키위'라 칭하는 것은 그릇된 명칭 (misnomer)으로 보고 있다. 조류 키위는 덩치에 어울리지 않게 큰 알을 낳는 것으로 유명하다. 현재 키위는 곧 뉴질랜드를 가리키는 상징이 되어 뉴질랜드 사람을 지칭 할 때 New Zealander 대신 간단히 Kiwi라고도 한다. 뉴질랜드만의 고유문화를 가리 키는 Kiwi-ism, 뉴질랜드식 말투를 Kiwi accent라 부르고 있다. 또한 호주인들은 자신 의 일자리를 빼앗아가는 뉴질랜드인을 '얄미운 키위'라 부르고 있다.

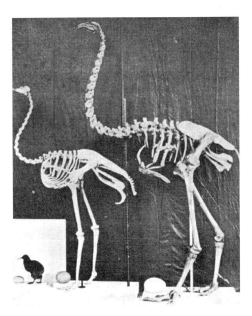

〈그림 59〉 키위 새: 오른쪽부터 모아, 타조, 키위(www.wikipedia.org)

이제 뉴질랜드의 언어 상황을 살펴보자. 1987년 마오리어 조례(Maori Acts)가 시행되면서 뉴질랜드의 공용어는 영어, 마오리어, 수화(sign language) 세 가지가 되었다. 대부분의 정부 부서, 공공도서관에서는 이중언어 부서명을 표기하고 이중언어로 표시된 사무용품을 사용한다. 우체국에서는 마오리어 주소를 공식적으로 허용한다. 그러나 이러한 이중언어 정책으로 마오리어가 일상화되었다고 보기는 아직 이르다.

〈그림 60〉 마오리어 학습(www.edgazette.govt.nz)

〈그림 61〉 뉴질랜드영어 · 마오리어 도로표지판
(https://commons.wikimedia.org/wiki/
File:New_Zealand_road_sign_SH6-SH94.svg)

2006년 뉴질랜드 정부 통계에 따르면 마오리어는 마오리족 모두가 사용하는 언어가 아니며 마오리족의 9%, 인구수로는 2만 9천 명 정도만이 유창하게 사용할 수 있고 일상생활에서 마오리어를 쓰는 비율은 뉴질랜드 인구의 4.2%, 마오리 인구의 23.6%인 것으로 나타났다. 뉴질랜드영어는 기본적으로 영국영어를 바탕으로 호주영어와 마오리어의 영향을 받았으며 최근에는 미국영어의 영향을 받아 일부 어휘나 발음에서 영국영어와 미국영어 양쪽에 걸쳐 있는 경우가 자주 보인다. 도량형(weights and measures)은 캐나다, 호주와 같이 미터법(metrics)을 도입하여 영국이나 미국과 달리하고 있다.

미국의 시사 주간지 Time 지에 의해 20세기에 영향력 있는 인물 100명에 선정된 바 있는 뉴질랜드 출신 Edmund Hillary(1919-2008)는 1953년 인류 최초로 세계 최고봉 Everest 산 등정에 성공했다. 그는 네팔 출신의 Sherpa와 함께 등정하여 평생 Sherpa를 돕는 일에 헌신했다.

뉴질랜드영어를 살펴보자. 우선 발음부터 보자. 모음의 경우 다음이 특징이다.

	미국영어	뉴질랜드영어
salary, mad; celery, melon	æ vs. ɛ	ɛ
fish, chip; full, pull,	ɪ vs. ʊ	ɨ
near, peer; square, bear	ɪə vs. ɛə ~ ɛɚ	ɪə
lot, cloth, cot	ɑː	ɒ
face, rain, say	eɪ	æə
price, mice, die	aɪ	ɑe
mouth, south, house	aʊ	æo
dance, ask	æ	ɑː~ æ

〈표 8〉 뉴질랜드 모음 발음

자음은 기본적으로 영국영어를 추종하나 letter, better, ladder, rider 등의 치조음 설탄음화는 미국영어, 호주영어에 가깝다.

어휘의 특징 중에는 호주영어의 영향으로 인한 것을 찾아볼 수 있다.

미국영어	뉴질랜드영어
lost	bushed
vomit	chunder
sheep	jumbuck
Englishman	pom
pickup truck	ute
near	within coo-ee
friend	mate

〈표 9〉 뉴질랜드영어 어휘 1

다음의 경우는 미국영어의 영향으로 인해 영국영어와 달라진 경우이다.

영국영어	뉴질랜드영어
hair pin	bobby pin
silencer	muffler
cooker	stove
aubergine	eggplant
ironmonger	hardware store
press-up	push up
maize	corn
petrol	gasoline
brook	creek
pushchair	stroller
lorry	truck

〈표 10〉 뉴질랜드영어 어휘 2

이어서 뉴질랜드 자체의 풍토 하에서 자생한 고유어휘도 볼 수 있다.

호주영어	뉴질랜드영어	미국영어
milk bar	dairy	convenience store
thongs	jandals	flip-flops
fairy floss	candy floss	cotton candy
hiking	tramping	hiking
no through road	no exit	no exit
ice block	ice block	popsicle

〈표 11〉 뉴질랜드영어 어휘 3

5.2 남아프리카

유네스코에서 남아프리카공화국은 '인류의 요람'(human cradle)이라고 지정할 정도로 지구상에 인류가 발생할 때부터 일찍이 인간 거주가 시작된 곳이다. 아프리카 지역이지만 인근 해안지역을 감싸고도는 해류의 영향으로 온화한 기온을 보이는 지역이기 때문이다. 대서양과 인도양이 교차하는 희망봉(the Cape of Good Hope)의 이름이 암시하듯 먼 길을 항해하는 뱃사람들에게는 이곳은 서양에서 동양으로 가는 중간 기착지로서 안식처 역할을 해왔다. 1497년 바스코다가마(Vasco da Gama)가 희망봉 경유 인도로 가는 항로를 발견한 후 서양인 중에서 이곳에 최초로 정착촌을 건설한 것은 1652년 네덜란드 동인도회사였다.

그 후 네덜란드 동인도회사는 네덜란드에서 농민들을 이주시켜 농업에 종사하게 하였는데 이들을 네덜란드말로 보어인(Boer), 즉 '농민'이라 부르게 되었다. 현재는 보어인이라 부르지 않고 Afrikaner라고 부르고 이들이 쓰는 말을 Afrikaans라고 한다. Afrikaans는 네덜란드 말이 모체이며 여기에 남아프리카의 다인종 언어상황 하에서 토착어 접촉과정에서 발달한 말이다. 보어인들은 영국이 19세기 초 희망봉 인근 자신들의 식민지를 침범하자 내륙 북동부지역으로 이동하여 Transvaal, Orange 공화국

〈지도 32〉 남아프리카 공화국

을 건설한다. 그러나 1880년대 Transvaal 지역에 대규모 금광이 발견되자 영국은 이를 차지하기 위해 두 차례를 전쟁을 일으켰는데 이것이 보어전쟁(1880-81, 1899-1902)이다. 결국 전쟁을 승리로 이끈 영국은 Transvaal, Orange 공화국을 영국의 식민지로 만든다. 영국인들의 남아프카이주는 1815년 빈조약(Treaty of Vienna)에 의해 시작되어 1880년대 다이아몬드와 금광의 발견으로 대거 이루어진다. 현재 4%의 남아프리카 주민이 영국인 조상 후예들이다. 영국계 영어 사용자 외에 이들의 두 배에 달하는 인도 출신의 영어 사용자들은 19세기부터 사탕수수 플랜테이션 노동자로 유입된 것이다. 백인들의 영어와 별로 다르지 않은 이들의 영어에는 자녀교육을 중요시하고 신분상승의 욕구가 반영된 것이다. 주목할 사실은 1994년 넬슨 만델라(Nelson Mandela) 흑인 정부 구성 이후 영어 확산이 가속화 되고 있는 반면 Afrikaans 신장세는 주춤하고 있다는 것이다. 다문화주의, 다언어주의를 지향하고 아프리카 고유어 위상저하에 대해 우려가 있음에도 중산층의 확대로 인종의 중요성이 점차 감소하면서 공통어로서 영어의 위상이 부상하고 있다. 이것은 숙련을 요하는 일자리나 국제

업무 처리에서 영어가 권위를 인정받는 언어(prestigious language)로 자리매김한 데서 그 연유를 찾을 수 있다.

〈그림 62〉 희망봉 Vasco da Gama 탑과 표지판(www.wikipedia.org)

보어 전쟁을 승리로 이끌기 위해 영국은 자국군뿐만 아니라 호주, 캐나다, 뉴질랜드, 인도 등 영연방 국가들의 지원을 받아 고전 끝에 승리하게 된다. 영국이 특히 남아프리카 식민지를 원했던 것은 자신들의 보배와 같은 인도로 가는 중간 보급품 기착지로서 역할을 할 수 있는 이곳이 절실하게 필요했기 때문이다. 이것은 1869년 프랑스가 완공한 이집트의 수에즈운하(Suez Canal)의 경우와 흡사하다. 영국은 프랑스가 이 운하를 이용하여 지리적으로 가까운 인도에 영향력을 행사할 것을 우려해 운하 건설을 반대한 바 있다. 보어 인들은 네덜란드계 개신교를 믿고 자신들만의 교회예배를 갖는 등 유색인종을 멸시하며 1948년 선거에 승리하여 정권을 잡은 후 공식적으로 백인(보어인과 영국인들)과 흑인들을 차별하는 아파르트헤이트(Apartheid) 정책을 공식적으로 선포하였다. Apartheid란 Afrikaans어로 '격리, 차별'의 의미이다. 이 정책은 본질적으로 농민출신의 보어인들이 도시로 진출하면서 이미 터전을 잡고 있는 영국인과 흑인들로부터 보어인들을 보호하기 위한 목적을 가지고 있었다.

〈그림 63〉 제1차 보어전쟁 (1881): 인도 병사가 보인다. (www.wikipedia.org)

남아프리카는 11개 언어가 공용어(official language)로 지정되어 있으며 사용현황은 다음과 같다.

언어명		제1언어 사용자수	
영어명	원어 명칭	수	비율
Zulu	isiZulu	11,587,374	22.7%
Xhosa	isiXhosa	8,154,258	16.0%
Afrikaans	Afrikaans	6,855,082	13.5%
English	English	4,892,623	9.6%
Northern Sotho	Sesotho sa Leboa	4,618,576	9.1%
Tswana	Setswana	4,067,248	8.0%
Sotho	Sesotho	3,849,563	7.6%
Tsonga	Xitsonga	2,277,148	4.5%
Swazi	siSwati	1,297,046	2.5%
Venda	Tshivenda	1,209,388	2.4%
Ndebele	isiNdebele	1,090,223	2.1%
Sign language		234,655	0.5%
Other languages		828,258	1.6%
합계		50,961,443	100.0%

〈표 12〉 남아프리카 공용어 (www.wikipedia.org 자료 이용)

〈그림 64〉 관공서의 3개 언어표지판(www.wikipedia.org)

　　그러면 Afrikaans에 대해 자세히 알아보자. 이 언어는 South Africa, Namibia, Botswana, Zimbabwe에서 사용되고 있으며 18세기 남아프리카 네덜란드 인들이 남긴 유산으로 포르투갈어, 반투(Bantu)어계 Zulu어, 말레이어계 Khoisan어 등의 차용 어휘들이 섞여 있기는 하지만 90% 이상 네덜란드 어휘로 구성되어 있다. 어휘, 문법, 철자법에서 표준 네덜란드 말과 차이가 있으나 네덜란드 인들과 Afrikaner 사이에는 적어도 문어상으로 의사소통이 가능하다. 구어상으로는 현대 네덜란드 인 - Afrikaner 인 사이에는 50% 정도의 문식성을 보여 노르웨이 - 스웨덴어 사용자의 구어 문식성 80% 이상보다 낮은 편이다. 남아프리카 인들의 13.6%, 700만 명의 모국어이며 제2언어, 제3언어로서 남아프리카에서 가장 많은 인종과 넓은 지역에서 사용되고 있는 공통언어이다.

〈그림 65〉 Apartheid 표지판: 영어와 Afrikaans(www.wikipedia.org)

다민족 다언어 국가 남아프리카 영어가 주변 언어들과 접촉이 빈번한 가운데 독특한 색깔의 영어로 탄생할 가능성은 매우 높다. 2011 남아프리카 공화국 인구조사 통계에 따르면 약 5백만 명에 달하는 제1언어로서 영어 사용자가 있으며 비율로는 9.6%에 해당한다. 인종에 따른 영어 사용자 분포는 다음과 같다.

인구집단	영어사용자수	비율	(%) 백분율
Black African	1,167,913	2.9	23.9
Coloured	945,847	20.8	19.3
Indian/ Asian	1,094,317	86.1	22.4
Other	80,971	29.5	1.7
White	1,603,575	35.9	32.8
총계	4,892,623	9.6	100.0

〈표 13〉 남아프리카 인종별 영어사용자(www.wikipedia.org 자료 인용)

아프리카 영어 사회방언을 세련된 방언, 일반 방언, 토박이 방언으로 나누어 기술하는 것이 일반적이다. 사회 방언에서 상층 방언(acrolect), 중층 방언(mesolect), 기층 방언(basilect)으로 나누는 것과 같은 맥락이다. 인종차별의 역사에서 벗어나긴 했지만 오랜 인종 차별의 역사를 겪어온 사회에서 언어의 계층화는 피하기 어려웠던 것으로 보인다.

	세련된 방언	일반방언	토박이 방언	예
모음	ɪ	ɪ ~ ɨ	i ~ ɪ ~ ə	kick, sit
	uː	ɨː ~ yː	iː	goose, through
	ɞ	œɨ	ʌʊ	now, trout
	aʊ	ɑː	ɑː	now, about
	aɪ	aː	aː	bite, eye
자음	p, t, k	p, t, k	p, t, k	pen, ten, kit

〈표 14〉 남아프리카영어 발음

자음의 경우 영어의 다른 방언과 달리 남아프리카영어에서는 /p, t, k/ 폐쇄음이

어두에서 기식음으로 발화되지 않는 특성이 있어 pen, ten, kit의 첫 자음에서 [pʰ, tʰ, kʰ] 발음은 듣기 어렵다. 이것은 영어가 남아프리카 주변 언어와의 접촉에 의한 결과로 보인다.

어휘 측면에서 세계영어에 apartheid, commando, trek, impala, veld, aardvark 등의 단어를 기여한 남아프리카 영어는 다음과 같은 특징이 있다.

남아프리카영어	미국영어
ja (빈도수가 매우 높다)	yes
just now	in a while, later
takkies, tackie, tekkie	sneakers
combi	mini van
robot	traffic light
braai	barbecue
bakkie	pick-up truck

〈표 15〉 남아프리카영어 어휘

5-1 호주, 뉴질랜드, 남아프리카 영어는 영국영어로부터 점점 멀어져 가는 경향이 있다. 이 것이 세계인들의 영어 학습에 미치는 영향은 무엇인가를 생각해보자.

5-2 미국과 비교하여 호주, 뉴질랜드 인들의 아시아 이민자들에 대한 편견을 조사해보자.

5-3 뉴질랜드영어 *luft stopping - livel iliven; Farewell You*을 미국영어로 옮겨 보자.

5-4 호주의 국가행정체계는 영국보다는 미국이나 캐나다와 유사하다. 이것이 시사해주는 바를 생각해보자.

5-5 남아프리카 공화국의 인종구성에서 영국인과 네덜란드계인들 간의 관계를 조사해 보고 Apartheid 정책 폐기 이후 실질적인 인종에 대한 이들의 의식변화 여부를 조사해보자.

5-6 다음 남아프리카 영어를 미국/영국영어로 옮겨 보자.

There's a couple of story and there was lions sleeping.
Those lions they full.
This guy was walking walking walking.

Keywords

aborigine/aboriginal

Afrikaans

Afrikaner

Apartheid

Australia Capital Territory

bamboo ceiling

Boer

Boer Wars

Botany Bay

Broad Australian English

Captain James Cook

Chinese gooseberry

Cockney

commodity

Edmund Hillary

General Australian English

George III

Great Barrier Reef

Kiwi accent

kiwifruit

Kiwi-ism

Maori

Maori Acts

Maori Wars

metrics

Moa

Mockney

movie 〈Crocodile Dundee〉

Northern Territory

Orange Republic

penal colony

point-based system

prestigious language

Royal Navy

Royal Society

Tasmania

the Cape of Good Hope

the Endeavor

the Treaty of Vienna

Transvaal Republic

Treaty of Waitangi

White Australia Policy

Yellow Peril

Zulu

제2언어로서의 영어

6

유럽인들에게 아프리카는 지구상에 남아 있는 마지막 식민지 후보였다. 19세기 후반 영국, 프랑스, 포르투갈, 스페인 등 식민지 개척에 능한 기존의 열강은 물론, 독일, 이태리, 벨기에까지 가세한 아프리카 식민지 개척은 '아프리카 쟁탈전'(Scramble for Africa)이라고 칭하듯 나눠 먹기식의 영토분할이었다. 1884-1885년 베를린 회의에서 각국 대표들이 모여 대형지도를 걸어놓고 서로 간의 이해득실과 국가역량을 감안하여 배분하는 방식이었다. 먹잇감을 두고 포식자(predator)들끼리의 한 영역분할이었다. 이 결과 프랑스는 알제리, 튀니지, 모로코 일부, 세네갈, 가봉, 마다가스카르 등, 영국은 남아프리카, 짐바브웨, 잠비아, 보츠와나, 말라위, 케냐, 탄자니아, 우간다, 수단, 이집트 등, 독일은 나미비아, 부룬디, 르완다, 탄자니아 일부를, 벨기에는 콩고-브라자빌 지역을 차지한다. 스페인은 모로코 일부, 이탈리아는 리비아, 소말리아를 차지한다. 에티오피아와 라이베리아를 제외한 아프리카 전역이 백인들의 지배하에 들어간 것이다.

서아프리카 지역은 일찍이 백인들과 접촉하면서 크리올이 발달한 지역으로 동아프리카 지역과 차별화된다. 영국의 지배를 받은 나이지리아는 1964년 독립 후 영어가 제2언어로 사용되고 있을 뿐더러 300만 명 이상의 영어 모국어 사용자들이 존재한다. 우간다, 케냐, 탄자니아 등 동아프리카 지역도 영어가 국가행정, 사법, 교육, 언론, 영화, 일반 업무용으로 영어가 공용어 역할을 하고 있다.

1600년 동인도회사의 설립과 더불어 시작되었지만 인도 식민지 경영은 150여년이 지난 1757년 프랑스와의 주도권 다툼에서 승리한 플라시 전투(the Battle of Plassey) 이후 영국의 지출이 본격화된다. 동인도회사와 영국정부의 공동 경영방식을 취하다가 1857년 세포이 폭동(the Mutiny of Sepoy) 이후 동인도 회사통치에 종지부를 찍고 영국 정부 단일 경영체제로 전환된다. 1947년 인도 독립 후 힌디어(Hindi)를 국가 공용어를 삼으려는 계획은 차질을 빚어 영어는 실질적인 인도의 공용어로서 역할을 하고 있다. 세계영어(World Englishes)의 개념도 인도 출신의 브라지 카치루(Braj Kachru)가 고안한 것이다.

1965년 영국으로부터 독립한 싱가포르는 인종적으로 중국인들이 절대 다수를 차지하고 있음에도 2015년 현재 영어 모국어 사용자가 32%를 차지하고 그 비율은 점점 늘어나고 있는 추세이다. 중국어, 영어, 말레이어, 타밀어 등 4개의 공용어 중 영어 문식성(文識成, literacy)은 눈에 띄게 증가하고 있다. 영어를 기본으로 하는 이중언어 정책인 English-Knowing Bilingualism을 취하고 피진/크리올 영어 Singlish를 억제하고자 Speak Good English 운동을 정부 주도로 펴고 있으나 이에 대한 반발도 만만치 않다.

17세기부터 19세기 말 미국-스페인전(America-Spain War)까지 333년간 스페인의 지배를 받은 필리핀은 150여개 언어가 공존하고 있는 다언어 국가로서 Tagalog/Filipino(Pilipino)가 영어와 함께 국가 공용어(national official language)이다. 영어는 미국영어를 바탕으로 자국어, 스페인어의 영향을 받은 형태이다.

본 장의 구성은 다음과 같다.

6.1 동서아프리카 영어
6.2 아시아 영어
① 인도 ② 싱가포르 ③ 필리핀
질문
Keywords

6.1. 동서아프리카 영어

콜럼버스의 카리브 해 발견 이후 시작된 유럽인들의 식민지 개척사는 아프리카 대륙의 경우 남아프리카를 제외하고 19세기 후반에 시작되어 20세기 초반까지 계속 되었다. 1600년대 시작된 네덜란드의 남아프리카 개척의 역사에 비하여 300년 가까운 세월이 지난 시기이다. 이제 남북아메리카, 호주 등 신대륙의 존재를 확인한 뒤 소수의 원주민들을 밀어내고 강압적으로 자신들의 구미에 맞는 땅으로 강탈하던 역사는 종식되고 아시아 지역 특히 인도 등 서남아시아, 인도네시아, 베트남 등 동남아 지역의 식민지 개척도 어느 정도 종결된 시점이었다. 그래서 유럽인들이 눈길을 돌린 곳이 아프리카이다. 19세기 초 노예무역 폐지 후 이제는 아프리카 노예들을 자신들이 원하는 곳으로 압송하는 대신 이들의 안방을 점거하는 결과를 빚게 된 것이다. 여기에는 기존의 식민지 강국인 영국, 포르투갈, 프랑스, 스페인 외에 독일과 이탈리아, 벨기에가 새롭게 가세하였다. 독일은 뒤늦게 식민지 경쟁에 합류했지만 나미비아, 카메룬 등 상당한 식민지를 확보하게 되었다. 이른바 '아프리카 쟁탈전'(Scramble for Africa)이라 일컫는 일련의 사태는 1884-1885년 아프리카 현장이 아닌 유럽 심장부 베를린의 한 회의실에 앉아 합일점을 찾았다. 유럽 국가들이 서로 경쟁할 것이 아니라 협상에 의한 타결이 현명하다고 판단했기 때문이다. 이미 인도, 인도네시아, 미국 등에서 식민지 다툼은 결국 전쟁으로 치닫는 오류를 숱하게 경험한 터였다. 이들이 식민지 개척에 매달린 이유는 18세기 말 영국에서 시작된 산업혁명의 결과 대량생산이 가능해진 설비를 가동할 원료 생산지 확보가 절실했으며 기계화된 제품생산으로 유휴노동력이 생긴 것도 큰 원인이 되었다. 그 결과 미국에서 해방된 노예들이 세운 서부 상아해안의 라이베리아(Liberia)와 동북부 에티오피아를 제외한 모든 지역이 불과 30년 사이에 유럽 국가들의 지배하에 들어가고 말았다. 그러나 무엇보다도 이러한 아프리카 분할은 유럽 국가들의 국력 경쟁이 더 큰 역할을 했는지도 모른다. 그 결과 많은 유럽인들이 일자리를 찾아 알제리, 튀니지(프랑스), 나미비아(독일), 앙골라, 모잠비크(포르투갈), 남아프리카, 짐바브웨, 잠비아, 보츠나, 짐바브웨(영국) 등으로 이주하게 된다.

〈지도 33〉 아프리카 쟁탈전(Scramble for Africa)(SP=Spain, It=Italy, Fr=France, BG=the Great Britain, Por=Portugal, Bel=Belgium, Ger=Germany)

　식민지 과열경쟁으로 인한 강대국 간의 충돌을 막고 상호협조를 강구하기 위해 소집된 1884-1885년 독일의 재상 비스마르크가 주재한 베를린 회의(Berlin Conference)는 이러한 면에서 성공적이었다. 분할 결과 영국은 서부의 나이지리아, 가나, 감비아, 시에라리온, 카메룬, 동부의 우간다, 케냐, 짐바브웨, 말라위, 수단, 이집트를 차지하고, 프랑스는 서북부의 알제리, 튀니지, 모로코, 서부의 세네갈, 수단, 어퍼볼타, 중앙 아프리카의 가봉, 마다가스카르 등을 차지한다. 독일은 서부의 나미비아와 카메룬 등을 차지한다. 벨기에는 콩고-브라자빌 지역을 관할하게 된다.

　통치 방식에 있어 영국은 현지인들을 활용한 간접지배(indirect rule) 방식을 취해 행정조직 요소요소에 현지인들(locals)을 임명하여 이들이 영국에 충성하도록 유도하며 식민지가 독립한 후에도 영국에 적대감을 갖지 않도록 하는 지혜를 발휘했다. 반면에 프랑스는 중앙집권화 된 직접통치 방식을 고집하며 현지인들을 프랑스 문화에 동화시키는 방식을 취한 바 있다. 결과적인 강압지배로 인해 현지인들의 심한 저항을 불러일으키게 된다. 독일의 지배방식도 프랑스와 크게 다르지 않았다.

아프리카인들의 식민지배에 대한 저항은 게릴라전이나 조직적인 전쟁을 일으켜 경우에 따라 지배자들에게 큰 타격을 안겨 주었으나 결국 굴복하고 대부분 1960년대까지 유럽의 지배를 받게 된다. 아프리카 식민지 출신 군인들은 두 차례의 세계대전에서 큰 역할을 하여 제1차 세계대전에는 약 100만 명, 제2차 세계대전에는 200만 명이 동원된 바 있다.

서아프리카의 언어현황은 다음과 같다.

국가	인구	현지 언어 수	공식 언어
베닌	6.60m	52	불어
카메룬	9.60m	253	영어/불어
차드	5.20m	117	불어/아랍어
아이보리 코스트	10.10m	73	불어
가봉	0.82m	38	불어
감비아	0.72m	19	영어
가나	12.70m	72	영어
라이베리아	2.20m	34	영어
나이지리아	97.00mm	420	영어/불어
세네갈	6.70m	37	불어
시에라리온	3.60m	23	영어
토고	2.70m	42	불어

〈표 16〉 서아프카 언어 현황(Kachru, Kachru and Nelson 2006: 178에서 인용, 인구 단위 m=million)

1820년부터 미국에서 해방된 노예들 일부는 출신지역에 관계없이 아프리카 특정한 지역으로 귀향하여 국가를 세우는 방안을 계획하였다. 이런 계획으로 미국 제임스 먼로(James Monroe) 대통령(재임 1817-1825)이 이끄는 미국정부의 지원 하에 세운 나라가 라이베리아 (Liberia)이다. 수도를 Monrovia로 정하고 1847년 독립국가가 되었다. 또 다른 해방된 노예 흑인들이 세운 나라가 시에라리온(Sierra Leone)이다. 이 나라는 다수의 원주민들과 소수의 미국에서 귀환한 흑인들로 구성되어 있는데 Americo-Liberian로 불리는 귀환 흑인(repatriate)들은 우월의식을 가지고 독립 후 130년간 집권해오다 1980년 군사 쿠데타가 일어나는 등 두 사회계층 간의 알력이 매우 심한 상태이다. 시에라리온에서는 귀환한 흑인들을 Krio라고도 칭하며 이들이 사용하는 영어, 즉 영어와 현지어와의 접촉으로 발달한 언어 또한 Krio라 부른다. 전체 인구의 4% 정도가 Krio이다. 1991-2002 내전이 일어날 정도로 정세가 불안하다.

아프리카 서부 해안 국가들의 특징은 19세기 후반 본격적인 식민지 피지배 이전에 이미 유럽인들과의 물자교류 등을 하며 접촉한 바 있는데 이때 발달한 언어가 피진(pidgin)이다. 이 피진은 유럽과 아프리카인들의 말이 섞여 발달한 것이다. 영국의 식민지가 된 나이지리아, 감비아, 시에라리온, 가나 등은 영국 통치자들과의 접촉과정에서 피진영어가 발달하였다. 영국으로부터 독립 후 이들 국가들에서 영어는 제2언어로서 사용은 말할 것도 없고 국가공용어(national official language)로 사용되는 국가가 많다. 나이지리아를 예로 들어보자. 나이지리아는 현재 인구 1억 5천만 명의 거대인구 국가인데 이중 절반 이상인 7천 9백만 명이 영어사용 가능자로 분류되며 이중 절반은 피진영어를 사용하는 것으로 추산된다. 이 나라에서 영어 모국어 사용자는 300만에서 500만 명으로 추산되며 500개 이상의 언어가 난무하는 가운데 영어는 어떤 부족에도 유불리(benefits and drawbacks)를 따질 수 없는 유일한 중립언어(neutral language)로서 국가 공용어로서 자리 잡고 있다. 흥미로운 현상은 영국의 지배 하에서보다 독립 후 오히려 영어 사용 비율이 높아지고 있으며 피진영어에 대한 시각에 큰 논란이 일고 있다. 일부 계층에서는 피진영어의 존재나 가치를 인정해야 한다는 입장이지만 정부나 사회주도층에서는 표준영어 이외의 영어의 존재를 평가절하하고 있어 결과가 주목된다.

나이지리아 피진영어 사례

Check your time dere you go see na five minutes e take dodge two o'clock, e don reach di time for our Pidgin news for today wey be number seventeen day for di month of May wey be number five month for di year two thousand. But before I go chook leg for di news proper, I go tell una di ones wey carry kanda for inside. [. . .] (Schneider 2011: 144)

표준영어 번역

Check your time, you'll see it's five minutes past two, time for our Pidgin news for today, the seventeenth of May, two thousand. But before I enter into the news proper, I'll give you the headlines. [. . .] (Schneider 2011: 145)

한편 아프리카 동부지역은 서부지역과 달리 식민지배 이전에 유럽인들과 접촉 기회가 드물었다. 따라서 서부해안에서 발달한 유럽어 피진은 동부해안에서는 쉽게 찾아보기 어렵다. 유럽인들과 접촉이 드문 이유 중에는 동부국가들은 지리적으로 유럽인들의 노예공출의 무대가 아니었던 데에도 있다. 지리적으로 유럽에서 멀어 신대륙으로 이들 운송이 쉽지 않았던 탓이다. 따라서 우간다, 케냐, 탄자니아, 잠비아, 짐바브웨, 말라위 인들은 영국의 지배를 받으면서 비로소 영어와 첫 조우를 한 것으로 보인다. 이중 영어가 제2언어로서 두드러지게 역할을 하고 있는 국가는 우간다, 케냐, 탄자니아이다. 영어 사용자 비율은 우간다 30%, 케냐 20%, 탄자니아 5%로 추산한다. 다른 지역과 마찬가지로 초기 영국의 지배시절에는 간접통치 방식에 따라 현지인들을 활용했으며 백인들이 상부, 인도인들이 중간, 아프리카 흑인들이 사회의 기층(lower class)을 이루는 사회구조가 형성되었다.

영국인들은 현지인과는 현지어(local languages)로, 인종이 섞인 상황에서는 아프리카 남동부 공통어인 스와힐리어(Swahili)를 사용하되, 행정, 법, 교육 등의 경우에만 영어를 사용하였다. 영국은 사회 엘리트층에게만 영어 학습 기회를 주는 것이 일반적이었다. 일반 대중들에 대한 교육기회 확대는 무지에서 깨어난 이들의 저항을 두려워한 나머지 도입을 꺼렸다. 그러나 영국은 제2차 세계대전을 치른 후 식민지 독립의 불가피성을 깨닫고 언젠가 독립할 이들에게 자국에 대한 좋은 감정을 남기는 것이 독립 후 선린관계 유지에 도움이 될 것이라는 생각 하에 일반 대중들에게도 영어를 가르치는 정책으로 선회한다. 현재 아프리카 남동부 국가들의 영어 사용 실태는 다음과 같다.

	우간다	케냐	탄자니아	잠비아	짐바브웨	말라위
고등법원	+	+	+	+	+	+
지방법원	*	*	-	*	*	*
의회	+	+	-	+	+	+
초등학교	+	+	-	+	+	+
중등학교	+	+	+	+	+	+
라디오	+	+	+	+	+	+
신문	+	+	+	+	+	+
소설	+	+	+	+	+	+
기록	+	+	-	-	+	+
극본	+	+		+	+	+
영화	+	+	+	+	+	+
도로표지	+	+	+	+	+	+
광고	+	+	+	+	+	+
업무용 서신	+	+	+	+	+	+
개인 서신	+	+	-	+	+	+

〈표 17〉 동아프카 영어사용 실태: + 영어 상시 사용 * 영어 가끔 사용 - 영어 비사용(Schneider 2011: 139 인용)

동아프리카에서는 영국인들의 발음을 흉내 내는 것(aping the British)을 어색하게 여기는 경향이 있으며 문법의 경우도 이론적으로 영국영어를 추종하나 실제 언어상황에서는 다른 경우가 많다. 발음에서 ram과 lamb, beat과 bit, show와 so가 구분되지 않는다. 어휘에서 safari는 동아프리카 영어의 산물이다. 다음 몇몇 표현에서 동아프리카 영어 문법 특징의 편린을 엿볼 수 있다.

Funds *was* (표준영어 were) raised during the wedding.

Women always *are having* (표준영어 have) a lot of thing to do.

The driver *picked her.* (표준영어 picked her up)

There we are, *isn't it?* (표준영어 aren't we)

6.2. 아시아 영어

① 인도

인도는 그리스·로마시대부터 서양인들에게 호기심의 대상이 되어 왔다. 향신료, 사탕수수 등의 본산지로서뿐만 아니라 인더스, 갠지스 강 유역에 발달했던 고대문명의 발상지이며 실크로드의 남쪽 기착지로서 중국에서 수입한 생사(raw silk)를 화려한 비단으로 재탄생 시켰기 때문이다. 1600년 동인도회사 설립을 계기로 인도 진출을 꿈꿔온 영국은 1612년부터 인도에 전진기지를 건설하면서 인도 진출이 본격화 된다. 따라서 인도영어는 미국영어 못지않은 긴 역사를 가지고 있다. 근대 식민지 개척사에서 인도에 지출하고자 하는 나라는 중남미 경영에 몰두하던 스페인을 제외한 포르투갈, 네덜란드, 영국, 덴마크, 프랑스이다. 네덜란드는 인도에서 멀지 않은 인도네시아를 경영하면서 이곳에서 생산되는 향신료[50]에 대한 큰 소비시장으로 인도를 매력적으로 느꼈다. 영국 동인도회사는 이러한 네덜란드 동인도회사와 합작하여 인도 소대륙에서 경합을 벌이던 포르투갈을 견제하여 결국 인도에서 쫓아낸다. 그러나 머지않아 영국과 네덜란드 동인도회사는 불화를 겪게 되면서 결별하고 영국이 주도권을 장악하게 된다. 프랑스의 인도 식민지 경영은 영국과 벵갈 지방에서 있었던 플

---

[50] 향신료의 원료는 식물의 말린 씨앗, 열매, 뿌리, 껍질이나 채취한 성분으로 음식의 맛을 내거나 장식용 또는 보관을 위해 사용되었으며 주로 식물의 잎을 사용하는 의학용 약초(herb)와는 다르다. 로마시대부터 로마의 귀족들이 향신료를 다량 소비한 이유는 많은 향신료들이 항균, 항생제 기능을 했기 때문이다. 후추, 생강, 육두구(nutmeg) 등이 그 대표이다. 로마시대 인도에서 향신료 수송은 인도 서남부에서 해안을 따라 페르시아에 이른 다음 비단길과 합류한 길을 이용했다. 향신료와 함께 인도산 공작(peacock)이 주요 상품이었다.

라시 전투(the Battle of Plassey, 1757)를 비롯한 주도권 싸움에서 패하면서 종식된다. 이 전투는 영국으로 하여금 인도에서의 무역 독점권뿐만 아니라 동인도회사가 인도의 영토지배권을 행사하는 결정적 계기가 된다. 상업적 회사가 자체의 대규모 군대 조직을 거느리는 전대미문의 결과가 빚어진다.

동인도회사의 인도 무역은 일관되게 영국의 금은괴와 인도산 상품을 교환하여 영국으로 운송하는 방식이었다. 운반된 상품의 1/3 정도는 국내에서 소비하고 나머지 2/3는 유럽 각지나 미국 등에 재수출하는 방식을 취했다. 당시 영국의 가장 경쟁력 있는 상품은 모직물(wool textile)이었는데 인도를 비롯한 아시아 시장은 구매력을 고려할 때 영국 제품은 가격이 비싸 경쟁력을 가질 수 없었다. 한편 영국을 비롯한 유럽 상인들이 수입한 인도산 상품 품목은 시대를 거치면서 변화를 거듭하였다. 17세기 전반에는 향신료, 17세기 중반 이후에는 캘리코(Calico)라 불리는 인도산 면직물(cotton textile)과 견직물(silk textile), 18세기 후반에는 차와 커피가 동인도회사 수입품의 대부분을 차지하였다. 특히 캘리코 수입은 영국의 모직물 산업에 악영향을 주어 영국의회에서 캘리코 수입 금지를 결의하는 사태까지 빚어진다. 18세기 이후 향신료 수입은 무역량의 7% 이하로 떨어질 정도로 격감하였다. 1760년의 경우 차가 40%, 커피가 22%를 차지하였으며 영국의 상류층 중심으로 남성은 커피, 여성은 차를 마시는 것이 유행하기 시작하였다. 18세기 이후 중국산 차 수입이 시작되었고 인도산 아편(opium)을 중국에 수출하는 것도 이 시기에 시작되었다. 당시 영국이 장악한 지역은 현재의 인도는 물론, 파키스탄, 방글라데시, 네팔, 부탄, 버마를 아우르는 광활한 지역[51]이었다.

영국의 인도 경영은 현지인들이 영국정부에 충성을 바치도록 유도하는 간접통치 방식이거나 자신들의 대리인(proxy)을 지도자로 내세워 교묘하게 조정하는 방식으로 아프리카에서와 다를 바 없다. 그러나 이러한 통치방식에도 불구하고 1857~58년 영국군의 지휘 하에 있던 인도 북부의 인도군들이 대규모 반란을 일으킨다. 이른바

---

[51] 현재는 인도, 파키스탄, 방글라데시, 스리랑카, 네팔, 부탄을 합하여 서남아시아로 부르는 것이 관례이다.

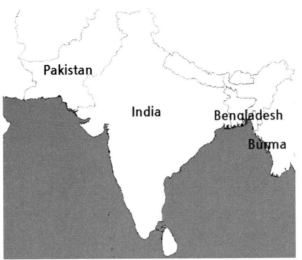

〈지도 34〉 영국 통치 하 인도(www.alternatehistory.com)

세포이 반란(The Mutiny of Sepoy)[52]이 발발하여 영국 동인도회사의 공교육 매체로 영어 사용 강요와 기독교 선교사들의 이슬람교도와 힌두교도들 박해 등 정치적 움직임에 반발하고 나선다. 4만 명에 달했던 영국 동인도 회사 소속 주둔군이 힌두교, 이슬람교도로 이루어진 20만 명에 달하는 원주민군을 진압하기에는 역부족임을 실감했다. 세포이군 중 반란에 가담한 부대는 일부였지만 양측 사상자(casualties)는 10만 명을 넘었다. 다행히 시크교도(Sikhs, Sikhism)[53]의 지원을 받아 반란을 힘겹게 진압했지만 동인도회사를 통한 통치의 한계를 느끼고 이듬해부터는 빅토리아 여왕이 이끄는 영국정부가 직접 통치하는 방식으로 전환하여 '영국의 보석'(Jewel of the Crown) 인도는 계속하여 대영제국의 중요한 국력의 원천으로 남는다. 이제 동인도회사는 해체되어 257년 역사의 대단원의 막을 내리며 역사의 뒤안길로 사라지게 된

---

[52] Sepoy란 힌디어로 '원주민군'(native troops)을 뜻한다. 1757년 플라시 전투에서 처음으로 인도인 용병을 모집한 것이 효시이며 이들은 영국군의 통제 하에 있기는 했지만 무장한 상태라서 진압이 어려웠던 것이다. 세포이 반란은 영국 측의 입장에서 붙인 명칭이며 인도 측에서는 '제1차 인도독립운동'이라 부른다.

[53] 15세기 인도의 펀잡(Punjab) 지방에서 일어난 종교로 시크교도들은 독특한 두건(turban)을 쓰는 것이 특징이며 이슬람 제국인 Mughal 제국 통치 당시 박해를 받아 이슬람교도들에 대한 반감이 크다.

다. 한편 영국이 세포이 반란의 주범으로 지목한 이슬람교도들에 반감을 가진 시크 교도들은 식민지 통치 군에 대거 등용되어 활약한다.

1902년 한 영국인이 Westminster Review라는 잡지에 "인도에서의 영어교육이 체제불만(sedition)을 낳는가?"라는 제하에 기고한 다음 글은 인도에서 영국인들의 영어교육이나 인도인들에 대한 시각이 적나라하게 드러나고 있다.

영어교육이 인도를 불충하고 불만에 가득한 나라를 만드는 것이 사실이라면 이것은 인도와 제국정부가 맞닥뜨린 가장 심각하고 당혹스러운 문제임에 틀림없고 사심 없는 연구가 지극히 중요하다.

If . . . it is true that English education makes India disloyal and discontented, then obviously it is one of the most serious and perplexing problems with which the Indian and the Imperial Governments are confronted, and an impartial inquiry into it is of the utmost importance.

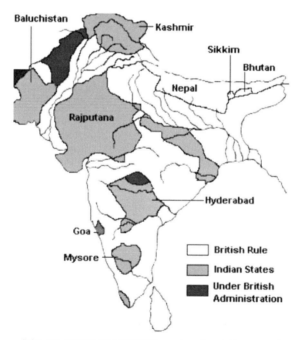

〈지도 35〉 1860년 인도 통치현황(www.fame2work.blogspot.kr)

1947년 인도 독립 후 초대 수상이 된 네루(Jawaharlal Nehru, 1889-1964, 재위 1947-64)는 영어는 1965년까지만 부국가어(associate national language)로 사용하고 힌디어를 국가언어(main national language)로 삼는 조항을 헌법에 명시하였다. 그러나 공약과는 달리 영어는 인도에서 사라지지 않고 현재 영어가 인도 특권 사회계층의 상징이 되고 있다. 공교육에서 영어를 매체로 한 교육은 대학은 물론이고 초등학교 입학 때부터 실시하는 추세로 가고 있다. 최근 75%의 인도인들은 영어를 인도 고유어로 인정하고 모든 학교교육을 영어로 실시하는 데 동의하는 비율이 90%에 달할 정도로 영어에 대해 호의적이다. 영어가 개인이나 국가의 경쟁력으로 보기 때문이다. 특히 인도는 막대한 인구규모를 가진 나라이어서 소수라 하더라도 절대 영어사용 숫자는 영국을 능가한다. 12억이 넘는 인구의 20%만 영어사용자로 보더라도 2억여 명의 영어 사용자가 있는 셈이다. 영어사용자를 30%라 볼 경우 인도는 미국을 넘어 세계 최대 영어사용 국가가 된다.

〈그림 66〉 Braj Kachru
(www.wikipedia.org)

세계영어(World Englishes)라는 개념을 고안해낸 것도 인도출신의 브라지 카치루(Braj Kachru)이다. 그는 전통적인 모국어 사용자로서의 영국영어, 미국영어가 전부라는 고정관념을 깨고 제3세계의 영어를 비롯한 외국어로서의 영어 등도 영어로서 인정해야 한다는 운동을 이끌고 있는 인물이다. 카치루가 이러한 생각을 하게 된 것도 자신이 태어난 인도사회의 산물인 인도영어가 앞으로 세계영어 판도에서 차지할 지도 모르는 존재가치를 깨달았기 때문이다. 카치루 자신은 영국에서 공부하고 미국시민으로 살았지만 평생 인도식 영어발음을 고수하였다. 인도영어가 결코 조롱의 대상이 될 수 없다는 것을 몸소 보여준 것이다. 인도에서 오래 기간 거주한 White Babus[54]라 일컫는 영국인들 중에는 인도식 영어를 구사하는 사람들도 더러 있었다.

---

[54] babu란 힌디어에서 영어의 Mr, Sir에 해당하며 White Babus란 '백인 양반' 정도로 옮길 수 있다.

〈그림 67〉 인도 English Call Center Industry(https://www.bbc.com/news/magazine-15060641)

인도는 다언어주의(multilingualism) 국가로 1961년 현재 1,600개 이상의 언어가 공존하는 소대륙(subcontinent)으로 한 사람이 가정, 시장, 열차 역(train station), 영화나 TV 언어가 각각 따로 존재할 정도로 몇 개 언어를 동시에 사용해야 하는 사회이다. 이러한 다언어 국가를 묶어주는 공통어로 기원전에는 산스크리트(Sanskrit), 그후 페르시아어가 공통어였으며, 근대 들어 페르시아어, 아랍어, 산스크리트가 섞인 힌두스탄어(Hundustani)가 공통언어였다. 이제 그 자리를 영어가 대신하고 있다. 영국진출 초창기 기독교 선교사들에 의해 전파된 영어가 뿌리를 내리게 된 것은 1835년 공교육에 영어가 도입되면서부터이다. 인도영어는 영국의 표준영어와의 거리에 따라 다음과 같이 나뉘고 있다.

상위 영어: 영어 모국어 사용자와 유사; Ambilingual English
중위 영어: 공무원, 교사영어
하위 영어: 사무직 근로자 영어; Babu English
주방 영어: Butler(Kitchen) English

주방영어의 한 예를 보자:

Butler's yevery day taking one ollock for own-self, and giving servants all half half ollock; when I telling that shame for him, he is telling, Master's strictly order all servants for the little milk give it. . . .

(The butler took some amount for himself and gave its half to servants. When I told him that it's shame on him, he told that the master strictly ordered to give all servants little milk. . . .)

인도영어의 발음부터 살펴보자. 산스크리트어에서 파생한 힌디어, 벵갈어(Bengali), 우르두(Urdu) 등은 권설음, 즉 혀끝을 뒤쪽으로 말아서 발음하는 것이 가장 큰 특징이다. 제2언어나 외국어 사용국가에 흔히 볼 수 있는 철자 발음(spelling pronunciation), 즉 철자를 의식한 영어발음은 인도영어도 다르지 않다.

	예	미국영어	인도영어
자음	stop	s	ʂ
	top	t	ʈ
	doll	d	ɖ
	name	n	ɳ
	thin	θɪn	tʰin
	they	ʒeɪ	dei
철자발음	jewel	ʤʊəl	ʤuel
	sanity	sænəɾi	sæniti
	developed	dəvɛləpt	divelpd

〈표 18〉 인도영어 발음

인도영어가 세계영어에 기여한 어휘에는 tattoo, pariah, curry, jungle, punch(음료), khaki, guru, yoga, sutra, nirvana, mantra 등이 있다. 미국영어와 비교하여 인도영어는 아래의 어휘들이 특징이다.

인도영어	미국영어
freeship	scholarship
press person	journalist
redressal	redress
upgradation	upgrading
passtime	entertainment
cheese curds	yogurt
cooling glasses	sunglasses

〈표 19〉 인도영어 어휘

문법적 측면에서 인도영어는 다음에서 특징을 엿볼 수 있다. 진행형(progressive aspect)이 과도하게 사용되고 wh-의문문에서 주어-동사 도치가 무시되는 경향이 있다.

I *am having* a cold. (표준영어: I have a cold)

Gautam *was knowing* that he would come. (표준영어: Gautam knew that he would come.)

I *am wanting kissing* with you. (표준영어: I want to kiss you)

What *you would like* to read? (표준영어: What would you like to read?)

② 싱가포르

1824년 영국 동인도회사의 무역기지로서 영국의 통치를 받게 된 것이 오늘날 싱가포르 역사와 영어의 시작이다. 무역기지 건설 후 주변 지역에서 상인, 기업인, 연기 고용인(indentured servant)들이 유입되어 영국인 도착 후 인구가 20년 만에 인구가 2백 명에서 3만 명으로 급격히 증가하게 된다. 인종적으로 19세기 후반 중국인들의 유입이 급증하여 20세기 중반 말레이계는 중국인들에게 밀려 소수민족이 되면서 오늘날 싱가포르인들의 절대다수가 중국계 출신들이다.

영어가 싱가포르에 뿌리를 본격적으로 내리게 된 것은 동인도회사의 관할구역에서 1867년 영국 국왕식민지(Crown colony)로 전환되면서 시작된다. 기독교 선교사들이 세운 미션스쿨 등의 교육기관에서 영어가 교육의 매체가 된 것은 피교육생들이 소수이기는 하지만 이들을 양성하여 장차 세계무역과 통상의 중심으로 싱가포르를 내다본 영국인들의 야심이 있었기 때문이다. 제2차 세계대전 후 식민지 독립의 불가피성을 간파한 영국은 다른 영국의 식민지에서와 마찬가지로 영어교육 확산으로 독립 후 친영국(Anglophile) 지역으로 잔류하기를 기대한다. 다민족사회에서 민족 간의 차별을 최소화할 수 있다는 점에서 영어교육의 정당성을 얻은 것은 인도나 나이지리아 등의 경우와 다르지 않다. 영어를 앞세운 이러한 교육정책은 물론 중국계 주민들의 민족주의적 정서의 저항을 받은 것은 사실이지만 초등학교에서는 영어와 각 민족의 모국어로 교육하고, 중등학교에서는 영어, 말레이어, 모국어로 교육하는 방향으로 가닥을 잡아 나갔다.

싱가포르는 제2차 세계대전 때 일본 침공 후 다시 영국이 되찾아 영국의 영향 하에 있던 중 1963년 잠시 말레이시아 연방에 속한 적이 있지만 1965년 분리되어 독립국가가 되었다. 이때 싱가포르 초대 수상을 지낸 리콴유(Lee Kwan Yew, 1923-2015)는 영어가 아닌 말레이어를 국가언어(national language)로 추진하는 운동을 벌였는데 이는 말레이연방에 싱가포르를 병합하여 영국으로부터 독립을 얻어내기 위한 포석이었다. 독립 후 국가건설에 매진하여 국부와 건실한 국가체제를 갖추어 영어, 중국어(Mandarin), 말레이어, 타밀어를 공용어로 정하여 다민족 국가로서 정체성을 지켜 나갔다.

4개 공용어 중 영어는 다른 3개 언어와 차별화된다. 영어는 싱가포르의 경제적 성공, 과학과 과학기술(technology)의 진보, 외국인 투자 유인을 위한 도구적 목적(instrumental purpose)에서 공용어로 삼은 반면 나머지 3개 언어는 인종적 유산의 이유에서 싱가포르가 아시아 국가로서의 탈문화화(deculturalization)와 서구문화로 인한 타락을 막고자 하는 목적을 가지고 있었다. 반면에 영어는 특정 민족과 관계없는 무문화(cultureless) 언어로 내다본 것이다. 현재 싱가포르에서 이중언어 정책은 공공연한 영어 우선주의로서 '영어를 아는 이중언어주의'(English-knowing Bilingualism)이다. 영어는 필수 제2언어로서 수학과 과학은 어떤 교육기관이든 막론하고 영어로 교육하고 있다.

싱가포르영어 교육에서 특이한 점은 도구적 목적에서 영어의 필요성을 강조하지만 모든 학습자들에게 동일한 수준의 영어능력을 강요하지 않는다는 것이다. 예컨대 학업이 부진한 학생의 경우 구어 영어(oral English)만을 요구한다. 영어를 모든 교육 매체 언어로 강요하는 것이 아님에도 불구하고 중국어, 말레이어, 타밀어를 매체로 하는 교육기관 등록률이 급격히 하락하면서 자연스럽게 영어를 제1언어로 사용하는 교육체제로 자리를 잡았다. 따라서 1987년부터 교육수요자가 전무한 영어 외의 언어 매체 기관은 영어가 제1언어인 교육기관으로 전환되게 된다.

2015년 현재 4개 공용어 모국어 사용자 비율은 다음과 같다.

중국어(Mandarin)	50%
영어	32%
말레이어	12%
타밀어	3%

〈그림 68〉 싱가포르 5개 언어 도로표지판: 일본어표지판이 인상적이다. (www.rubli.info)

4개 공용어 중 영어의 비중은 점점 높아지고 있다. 영어는 교육, 행정, 사업, 공식문서매체로 영어 외의 언어로 기록된 문서들은 영어 번역이 의무화 되어 있다. 헌법도 영어로 쓰였으며 재판 중 영어 통역관을 호출할 권리가 있다. 중국계 1/3, 말레이계 절반, 인도계 절반이 영어 모국어 사용자들이다. 영어 문식성(文識性, literacy) 80%, 중국어 65%, 말레이어 17%, 타밀어 4%가 되는데 초등학교부터 영어 기반 이중언어 정책(English-Knowing Bilingualism)을 추진한 결과이다. 그러나 아직 싱가포르인들 20%는 영어를 전혀 하지 못하는 상태이다.

이때 이중언어란 영어와 영어 외 3개 공용어 중 하나는 '모국어'(mother tongue)로 배우라는 것이다. 모국어란 보통 인위적으로 학습하는 것이 아니라 어머니를 통해 노력 없이 배우는 언어를 말하는데 싱가포르에서의 모국어란 아시아인의 정체성을 지키기 위해 아시아 국가언어를 의미한다. 아시아가 자신들 어머니의 고향이기 때문이다. 중국계 인구가 75%인 점을 감안할 때 32%의 영어모국어 비율은 매우 높은 것이다. 그러나 상대적으로 중국어 모국어 사용자도 과거에 비해 점차 증가하고 있다. 세계사에 중국의 부상이라는 변수가 작용하고 있는 것이다. 반면에 영어와 중국어의 위력 탓에 말레이어와 타밀어의 비중은 감소하고 있다. 싱가포르는 과거 말레이시아와 같은 국가에 속했던 인연을 감안하여 말레이어를 국가언어(national language)로 올려놓았으나 관공서의 간판이 영어로 쓰일 정도도 말레이어 위상이 내려앉고 있다.

영어 모국어 사용자가 32%나 될 정도로 영어의 비중이 높아지고 있는 현실에서 싱가포르 지도층들은 싱가포르영어 역사가 깊어가면서 발생하는 피진영어 (실제로는 피진영어라기보다 싱가포르식 영어) Singlish를 경계하여 '좋은 영어쓰기 운동'(Speak Good English Movement)을 벌이고 있다. 수에즈운하(Suez Canal, 1869년 개통) 개통 이후 아시아의 지브롤터(Gibraltar)로 무역에 의존하는 나라로서 혹시 외국인들과 의사소통에 문제가 생길까 노심초사하기 때문이다. 이러한 면에서 인도인들의 경우와는 극명한 대조를 보이고 있다.

〈그림 69〉 싱가포르 좋은 영어쓰기 운동(www.goodpaper.sq)

다음 2000년에 행한 고척동(Goh Chok Tong) 싱가포르 수상의 연설을 보면 도구적 목적으로 영어를 보는 이들의 시각이 분명히 드러나 있다.

세계와 거래하고 통상을 하는데 좋은 영어를 할 줄 알면 분명한 이점이 있습니다. 우리처럼 허브도시, 개방경제의 경우 특히 중요한 문제입니다. 다른 사람들이 알아듣지 못하는 타락한 영어를 한다면 우리는 핵심경쟁력을 잃고 말 것입니다. 우리가 Singlish를 계속 사용하면 이것이 우리의 일반적 언어가 될까 걱정됩니다. 형편없는 영어는 우리에게 악영향을 주어 우리가 하는 말을 점점 알아들을 수 없게 하고 경쟁력을 감소시켜 세계 일류 경제가 되려는 우리 목표에 영향을 줄 것입니다.

The ability to speak good English is a distinct advantage in terms of doing business and communicating with the world. This is especially important for a bub city and open economy like ours. If we speak a corrupted form of English that is not understood by others, we will lose a key competitive advantage. My concern is that if we continue to speak Singlish, it will over time become Singapore's common language. Poor English reflects badly on us and makes us seem less intelligent or competent . . . all this will affect our aim to be a first world economy.

싱가포르 정부의 영어 정책은 영어의 표준은 영국영어, 호주영어, 미국영어라는 외부표준주의(exonormative position)의 원칙을 고수하는 것이다. 이에 따라 1990년대에서 2000년 초반 싱가포르 정부에서는 호주인 강사들을 초빙하여 8천 명의 초등교사 영어 재교육을 실시한 바 있다.

그러나 여기에 대한 반작용도 있다. 인간언어의 자발성(spontaneity)의 입장에서 볼 때 주변 언어와의 상호작용에 의한 현지화 된 말투(localized accent) 영어 발달은 모국어 영어사용자의 증가와 더불어 막을 수 없는 자연의 섭리이다. 언어란 단순히 도구적인 기능만으로 끝나는 것이 아니라 사용자의 정서와 사고를 지배한다는 원리를 감안할 때 앞으로 싱가포르에서 Singlish 위상은 끊임없이 논란의 대상이 될 가능성이 매우 높다.

〈그림 70〉 Singlish 지지 운동(www.yjsoon.com)

다시 주목할 점은 싱가포르 가정에서 영어사용자들이 점차 증가하고 있다는 점이다. 이는 장차 싱가포르 가정에서 영어가 독점적 제1언어로 자리 잡을 가능성마저 점쳐지게 하고 있다.

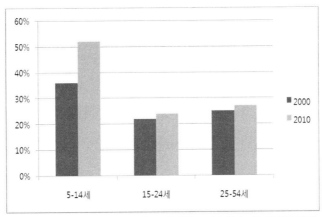

〈그래프 14〉 싱가포르 모국어 사용자 백분율(2010년 싱가포를 통계청 자료)

사회계층에 따른 3개 층위에서 싱가포르 상층 방언(acrolect) 영어는 영국표준영어와 차별화되지 않는 반면 mesolect, basilect는 다음의 차이를 보이고 있다.

싱가포르 mesolect	영국표준영어
May I ask where is the toilet?	May I ask where the toilet is?
May I apply for car license?	May I apply for a car license?
He always go to the shopping centre	He always goes to the shopping centre

〈표 20〉 싱가포르 중층영어

싱가포르 basilect	영국표준영어
You are coming today, is it?	You are coming today, are you?
My handwriting not good, lah.	My handwriting is not good.
Hurry lah	Hurry up

〈표 21〉 싱가포르 기층영어

③ 필리핀

1521년 스페인왕의 지원을 받은 마젤란이 세계일주 중 필리핀에 도착한 것이 스페인 지배 역사의 출발이다. 333년에 달하는 스페인 식민역사는 1543년 국가 명이 스페인국왕 필립 2세(Phillip II)의 이름을 따 필리핀(Philippines)이 되면서 지울 수 없는 족적을 남긴다. 1565년부터 필리핀 마닐라와 멕시코의 태평양 연안도시 아카풀코(Acapulco)를 연결하는 스페인 무역선이 왕래하면서 필리핀은 스페인의 아시아 활동무대 진원지가 되었다. 300여 년 동안 태평양의 중앙을 종횡으로 누빈 아카풀코-마닐라 왕복무역선은 신대륙에서 갖가지 물자를 싣고 왔는데 이를 통해 옥수수, 토마토, 감자, 고추, 파인애플, 담배[55] 등의 작물이 아시아에 전해지게 되었다. 이러한 작물들은 머지않아 임진왜란 전후 한반도에도 유입된 것으로 보인다. 스페인인들이 가는 곳마다 심어놓은 로마 가톨릭 신앙도 예외 없이 필리핀에 이식되어 아시아 국가중 유일하게 가톨릭 신자의 비율이 절대다수 80%에 달하는 국가가 되었다. 그러나 300년이 넘는 스페인 지배에도 불구하고 스페인 지배 말년에 스페인 사용자는 2%에 불과할 정도로 스페인어는 뿌리를 내리지 못했다. 스페인인들은 1863년 공립학교제도를 도입하고 대학 등의 고등교육기관을 세웠지만 비로소 공교육이 결실을 보게 된 것은 1898년 미국의 점령하면서부터이다.

---

[55] '담배'는 1543년부터 교역하던 포르투갈 상인들에 의해 일본에 상륙한 후 일본에서 한반도에 유입된 것으로 보인다. 일본어 '다바고'가 한국어 '담배'로 차용된 것으로 믿어진다.

〈지도 36〉 필리핀

1억의 인구와 150여개 언어가 공존하는 이 섬나라의 상위 5개 고유어는 다음과 같다.

언어	사용자
Tagalog/Pilipino	5천백만 명
Cebuano	천6백만 명
Ilokano	7백만 명
Hiligaynon	6백만 명
Bikol	5백만 명

〈표 22〉 필리핀 상위 5개 언어(www.wikipedia.org 자료 인용)

1898년 미국이 필리핀을 점령한 후 필리핀 최초의 영어교사는 미군들이었으며 필리핀들을 '문명화'(civilize)시킨다는 명분하에 영어를 매체로 하는 교육제도를 실시하였다. 이때 필리핀 고유어는 품행교육에서만 사용하는 방식을 취하면서 필리핀들이 과거로부터 단절을 유도하였다. 1939년 필리핀의 국민적 저항에 의해 따갈로그어 (Tagalog)가 국가언어(national language)로 인정하였지만 이때 영어 사용 가능자가 26%를 상회할 정도로 영어사용자는 급속히 늘어났다. 제2차 세계대전 때 잠시 일본의 지배를 받은 후 통치권을 회복한 미국은 1946년 필리핀의 독립을 승인한다. 새롭게 발족한 필리핀 정부에서는 따갈로그어는 국가언어로 가르치고 영어를 교육의 매체로 사용하는 교육방식을 취하게 된다. 따갈로그어는 1959년 Pilipino로, 다시 1987년 Filipino로 개명을 하면서 다문화 다언어 국가로서 필리핀을 대변하는 언어로 승격시키려는 움직임이 있다.[56] 필리핀인들은 삼중언어(trilingual) 사용자가 일반적이다. 모국어는 자신의 인종적 정체성을, Filipino는 국가 정체성을 나타내고 영어는 국제관계 유지에 필요하다. 필리핀 헌법에는 다음과 같이 명시되어 있다.

의사소통과 교육을 할 때 필리핀 공식 언어는 Filipino와 법에 의해 달리 규정되지 않는 한 영어이다.

For purpose of communication and instruction, the official languages of the Philippines are Filipino and, until otherwise provided by law, English.

소위 이중언어 교육정책(Bilingual Education Policy)에 의해 Filipino와 영어가 국가 공용어인 것이다. Filipino는 Tagalog를 표준화한 것으로, 도시지역에서 주로 사용한다. Filipino와 영어는 정부, 교육, 출판, 방송매체, 기업에서 사용되고 있으며 19개 지역어가 보조 공용어로 학교교육에서 사용한다.

---

[56] Pililipino에서 Filipino로 바뀐 이유는 필리핀의 국명이 스페인 Philip[fɪlɪp] 2세 이름을 본 딴 것이어서 f를 p로 발음하는 경향이 있는 필리핀들을 고려한 Pilipino보다는 본래 어원에 충실한 Filipino로 바뀐 것으로 보인다.

〈그림 71〉 필리핀과 스페인: 친선의 날 광고와 Manila−Acapulco Galleon선 기념비
(www.commons.wikimedia.org)

〈그림 72〉 필리핀 English Call Center Industry
(https://www.ilovetansyong.com/2014/04/10−things−you−need−to−know−about.html)

필리핀 고용정책에서 영어 콜센터(English call center)는 국가산업에서 차지하는
비중이 매우 높으며 다음 아로요(Aroyo) 대통령의 2003년 연설에서 영어능력이 필리
핀의 국가경쟁력의 핵심이라는 인식이 매우 강함을 느낄 수 있다.

새로 생겨나는 빠르게 성장하고 있는 지역과 국가 간 산업에서 경쟁력을 유지하거나 향상시키기 위해 우리 학생들의 영어 적성, 능력과 숙달도를 향상시킬 필요가 있습니다. 특히 정보통신분야(ICT) 분야에서 그렇습니다.

. . . need to develop the aptitude, competence and proficiency of our students in the English language to maintain and improve their competitive edge in emerging and fast-growing local and international industries, particularly in the area of Information and Communication Technology.

직업시장에서 영어콜센터에 대한 선호도가 높아 지원자들의 4%만 콜센터 취업에 성공하고 있다. 그러나 분명치는 않지만 수학과 과학에서 영어만을 사용한 탓인지 UNESCO에서 필리핀 청소년들의 수학과 과학의 성취도 경고를 받을 정도로 성취도가 낮은 문제점이 드러나고 있다. 문제 해결방안으로 필리핀에서는 이들 과목의 교육매체에서 영어만 사용한다는 정책에서 경우에 따라 자국어를 사용할 수 있는 code-switching을 허용하는 등 아직도 필리핀에서의 영어 정책은 부분적으로 표류하고 있는 듯한 인상이 든다. 미국영어에 대한 선호도가 높아 Schneider(2011)가 주장하는 외국어는 일정 기간 사용 후 현지 사용 언어가 표준이 된다는 내부표준(endonormative) 입장이 인도를 제외한 나이지리아, 싱가포르와 마찬가지로 도전을 받는 곳이다.

필리핀영어를 살펴볼 차례이다. 필리핀영어는 기본적으로 미국영어를 바탕으로 자국어와 스페인어의 영향을 받은 결과이다. 필리핀영어 발음의 측면부터 살펴보자.

특징	어휘	필리핀영어	미국영어
모음삽입(구세대)	star, stable	istar/estar, istable/estable	star, stable
단어강세	category, ceremony	category, cerémony	category, céremony
폐쇄음화	fun, family	pʌn, pamili	fʌn, fæməli
	very, varnish	bɛri, barnis	vɛəri, varnɪʃ
모음충돌회피	Seattle	satel	sɪætl
모음축소 부재	above, around	abʌv, around	əbʌv, əraʊnd
폐쇄음화	thick, thin, this,they	tick, tin, dis, dey	θɪk, θɪn, ðɪs, ðeɪ

〈표 23〉 필리핀영어 발음

어휘의 측면에서는 미국 표준영어와 다음의 차이를 보이고 있다.

필리핀영어	미국 표준영어
band-aid	adhesive bandage
bold	nude
calling card	business card
fill up	fill out
pack up	wrap up
ref	fridge
slippers	sandals, flip-flops
topdown	convertible automobile
trying hard	social climber
vedioke	karaoke
open/close an appliance	turn on/turn off an appliance

〈표 24〉 필리핀영어 어휘

문법에서는 다음과 같은 특징을 발견할 수 있다.

I *had not gone* to class yesterday. (표준영어: I did not go to class yesterday)

The government decision will result to dire consequences. (표준영어: The government decision will *result in* dire consequences.)

Feedbacks were given on the proposal. (표준영어: Feedback was given on the proposal.)

One of the *candidate* withdrew from the race. (표준영어: One of the candidates withdrew from the race.)

6-1 동아프리카 지역이나 인도에서 영국영어나 미국영어를 추종하기보다 자신들의 영어를 지켜나가는 태도와 싱가포르의 '좋은 영어 쓰기 운동'(Speak Good English Movement)을 비교·분석하고 어떤 사회문화적 동기가 이러한 차이를 낳았는지 생각해보자.

6-2 한국사회에 만연된 영국영어, 미국영어 외의 영어 혐오현상의 근원을 추적하고 이러한 영어에 대한 국민적 정서의 명암을 알아보자.

6-3 300년 이상을 필리핀을 지배한 스페인들이 현지인들에게 스페인어 교육에 소극적인 원인을 찾아보고 필리핀인들의 스페인에 대한 정서를 찾아보자.

6-4 아시아 국가 중 필리핀은 가장 기독교인 비율이 가장 높은 국가이다. 필리핀에서 기독교 전파가 예컨대 일본, 인도네시아, 인도 등과 달리 쉽게 이루어진 이유는 무엇인가?

6-5 21세기 현재 실질적으로 영어는 싱가포르의 제1언어의 위치에 다가가 있다. 불과 50년이라는 짧은 기간 동안 이루어진 현상이다. 영어모국어 사용자가 1/3인 국가이기도 하다. 이를 계기로 인종과 언어의 상관관계를 추적하고 세계영어 판도 변화를 예측해보자.

6-6 싱가포르에서 영어위상 제고는 확고부동한 반면 인도, 필리핀, 나이지리아 등에서는 아직도 위치가 유동적이다. 그 이유를 생각해보자.

Keywords

Acapulco-Manila galleon

Ambilingual English

aping the Birtish

associate national language

Babu English

Berlin Conference

Bilingual Education Policy

Butler English

Butler English

Calico

code-switching

Crown colony

cultureless

deculturalization

deculturalization

English Call Center Industry

English-Knowing Bilingualism

Hindi

Jewel of the Crown

Knowing English Bilingualism

Krio

Liberia

main national language

multilingualism

neutral language

repatriate

Scramble for Africa

sedition

Sierra Leon

Sikhs, Sikhism

Speak Good English Movement

Swahili

Tagalog/ Pilipino/ Filipino

the Battle of Plassey

the Mutiny of Sepoy

White Babus

중국과 일본 영어

7

미리보기

중국은 1612년 영국 동인도회사 초기부터 영국의 손길이 닿았던 중국의 남동부 해안 지역을 중심으로 피진영어가 발달하였다. 아편전쟁(Opium Wars, 1840-1842; 1856-1860) 이후 영국, 미국, 프랑스, 독일, 일본인 등이 청나라 정부를 강요하여 홍콩, 상하이 지역을 양도(concession) 형식으로 차지하면서 영어와 인연을 더해간다. 1850년 영자신문 North China Herald가 발간되는 등 치외법권 도시 상하이를 중심으로 피진영어가 확산되었으나 1894-1895년 이후 중국에 대한 일본의 영향력이 점차 커지면서 영어확산은 쇠퇴한다. 1945년 이후 청나라의 몰락과 신체제 하의 공교육의 확대로 피진영어는 자취를 감추게 되었다. 최근 국제화 시대에 들어서며 구어 영어(oral English) 능력 신장 측면에서 중국 영어교육 실패를 벙어리 영어(mute English), 귀머거리 영어(deaf English)로 힐난하고 구어 영어에 대한 열망이 폭발적으로 분출되는 등 영어 열풍은 한국의 경우와 크게 다르지 않다.

1543년 포르투갈 인들이 도착한 이래 일본은 19세기까지 네덜란드와 교류가 빈번하였으며 영어는 19세기 중반 이후부터 영문법 교습서 발간, 영어교습소 설립 등 활발한 영어 학습을 통하여 세계의 흐름에 동참하고자 하였다. 한국과 마찬가지로 21세기 초까지 공교육뿐만 아니라 사설 영어교습소에 대한 의존도가 높았으나 최근 일본의 영어교육 열기는 한국에 비해 미온적인 상태에 머물고 있다. 일본인의 영어와 세계문화 이해를 위해 추진하고 있는 Japan Exchange and Teaching Program(JET Program)을 통해 해마다 60여 개국에서 5천 여 명에 달하는 인력들이 일본에 세계문화를 전하고 영어를 가르치는 일을 하면서 성공적으로 일본의 세계화에 기여해 왔다.

본 장의 구성은 다음과 같다.

7.1 중국의 영어 역사와 영어 정책

1612년 인도에 정착한 영국의 동인도회사는 인도뿐만 아니라 극동에까지 손길을 뻗쳐 중국의 마카오와 광동지역 상인들과 교역을 하게 되었다. 이때 중국 상인들의 광동어(Cantonese)와 영국 상인들의 영어가 마주쳐 발생한 공통어가 중국 피진영어이다. 이미 잘 알려진 사실이지만 여기에서 피진(pidgin)이라는 어휘 자체가 유래한 것이다. Business란 단어에 대한 광동어 사용자 특유의 발음이 기원이다. 피진영어의 대표가 인사말 Long time no see!이다. 이 피진영어의 출처에 관해 American Indian Pidgin English와 Chinese Pidgin English 두 가지 주장이 있지만 후자라면 다음과 같이 중국어(여기서는 Mandarin)와 대응관계를 맺을 수 있다.

pidgin	Long	time	no	see.
Mandarin	好	久	不	見
의미	very	long time	no	see

영국과 중국의 전면적인 접촉은 영국이 인도에서 재배하여 상품화한 아편을 중국 정부의 저지에도 불구하고 판매를 강행한 것이 계기가 된다. 1840-1842; 1856-1860년 두 번에 걸쳐 발발한 아편전쟁(the Opium Wars)을 치르면서 피진영어는 영국, 미국, 프랑스, 독일, 일본 등이 청나라 정부를 강요하여 상하이 지역을 양도(concession) 형식으로 차지하면서 좀 더 깊숙이 중국사회에 침투한다. 1850년 영자신문 North China Herald가 발간되는 등 치외법권 도시 상하이를 중심으로 피진영어가 확산되었으나 1894-1895년 이후 중국에 대한 일본의 영향력이 점차 커지면서 영어확산은 중단된다. 또한 중국에 파견된 영국, 미국 선교사들과 교육기관에서 표준영어를 가르친 것도 중국 피진영어 쇠퇴 원인이 되었다. 중국에 파견된 선교사 아버지를 두고 중국에서 성장한 펄 벅(Pearl Buck)의 역사소설 『대지(*the Good Earth*, 1931)』[57]는 19

---

[57] 펄 벅의 소설 『대지』는 중국사회에서는 금서(禁書; censored book)이며 1972년 닉슨(Richard

세기 후반에서 제1차 세계대전까지 아편에 찌들고 새로운 세계질서에 대처할 준비가 되지 않은 중국의 진면목을 세계인들에게 고발하고 있다. 서태후를 비롯한 권력자들의 전근대적 국가경영으로 인한 중국의 사회적 갈등과 서민들의 궁핍한 삶의 모습을 다룬 것이다. 1842년 1차 아편전쟁이 종료되면서 영국이 점령한 홍콩(香港의 Cantonese 발음)은 1997년 중국에 반환되기까지 영국이 통치한 지역으로 2018년 현재 745만 인구 중 영어 제2언어 사용자는 53.4%, 모국어 사용자는 4.3%로 추산된다. 2018년 심천(Shenzhen) - 홍콩 - 마카오(Macau)를 잇는 다리를 건설하는 등 홍콩을 중국 체제 속에 적극적으로 통합하려는 중국정부와 이를 저지하려는 홍콩인들의 갈등이 미래의 홍콩영어에 어떤 영향을 미칠지 주목된다.

한편 19세기 중반부터 미국의 대륙횡단 철도건설과 캘리포니아 금광개발, 호주의 금광개발 등에 많은 중국인이 진출하였으나 이들이 영어 사용자들과의 접촉에서 발생한 언어형태에 대한 기록이나 연구결과는 찾아보기 어렵지만 중국인 영어 역사의 한 장을 장식했을 것으로 충분히 짐작할 수 있다.

21세기 중국인들의 영어를 통한 의사소통 기회는 아편전쟁을 전후한 시기 영국인들과 접촉하던 때에 비하여 비교할 수 없을 정도로 빈번해 지고 있다. 중국이 정치, 경제, 군사 측면에서 세계에 영향력을 행사하면서 영어 사용 기회의 확대는 더욱더 가속화될 전망이다. 그러나 여기서 주의할 점은 앞서 다뤘던 영어 모국어 사용 국가들이나 제2언어 사용 국가들의 경우와 중국의 영어사용 현실은 매우 다르다는 것이다. 중국은 언어학적으로 분명히 다언어 다민족 국가이다. 2010년 현재 12억 인구는 한족(漢族) 92%, 55개 소수민족 8%로 구성되며 299개 언어가 공존하는 것으로 조사된다. 소수민족 중 연변 조선족 자치주의 한국어는 제1언어 사용자가 180만 명 있다. 다시 漢族 언어는 8개언어군으로 나뉘는데 중국정부는 정치적 이유에서 漢語 표준어인 맨더린(Mandarin)을 제외한 광동어(Cantonese)를 비롯한 나머지 7개 언어군을 맨더린[58]의 지역 방언으로 간주하고 있다. 영어, 독일어, 노르웨이 말과 같이 상

Nixon) 대통령과 마오쩌뚱(毛澤東; Mao Zedong)간 소위 미중 Ping-Pong 외교를 통한 국교수립 당시 중국의 반대로 펄 벅의 통역 시도는 무산된 바 있다.

[58] 지역에 따라 부르는 명칭이 다르다: 官話, 普通話(중국); 國語(Taiwan); 華語(싱가포르). 타이완 원주

호 의사소통이 되지 않는 점에서 별개의 언어로 보아야 마땅하다. 중국에서는 공교육에서 맨더린 학습을 의무화하고 있어 모든 중국인들이 머지않아 제1언어 아니면 제2언어로서 맨더린을 사용할 전망이다. 다시 말해 다민족 다언어 국가임에도 불구하고 단일민족 단일 언어권으로 묶으려는 정부정책으로 맨더린이 국가공통어로 자리를 잡아가고 있는 것이다. 이런 이유로 중국인들에게 영어는 외국어 기능을 할 뿐이다. 본질적으로 단일민족 한국의 경우와 다른 사회언어학적 배경을 가지고 있는 중국사회에서 이러한 인위적인 언어정책이 아니었다면 다언어 다민족 국가 인도나 필리핀처럼 영어는 중국의 제2언어가 되었을 지도 모른다.

중국인들 스스로 자신들의 영어에 대한 자조는 예외 없이 벙어리 영어(mute English, silent English, dumb English)라는 것이다. 개선책으로 영어교습소에서 영어교습(Teaching English as Foreign Language), 국제교류, 조기영어교육 등의 처방을 내놓고 있는 것은 한국의 경우와 다르지 않다.

〈그림 73〉 Li Yang의 Crazy English(www.herschelian.wordpress.com)

학교 영어교육에 대한 한계를 절감한 풍토 하에 구세주로 떠오른 Li Yang의 Crazy English에서는 "큰 소리로 외쳐라. 그러면 배운다(By shouting out loud, you learn)"의 슬로건을 내걸고 말로 하는 영어를 강조하고 있다. 마치 신들린 듯한 표정

민들(5%)은 태평양 중남부의 여러 섬 주민들과 같이 Austronesia어 계통 언어 사용자들이지만 대만 주민의 70%는 대륙에서 건너온 Hokkien(일명 Taiwanese)이 모국어인 반면 Mandarin은 20%가 모국어이며 70%가 제2언어이면서 사실상 국가 공용어이다.

으로 넋을 잃은 신도들 앞에 선 빌리 그레이엄(Billy Graham) 목사를 연상케 한다. 학생들은 옥상에서, 건물 뒤에 가서 영어를 외쳐대면서 동양 유교사회 고유의 남 앞에서 수줍어하는 습성으로부터 탈피해야 영어를 할 수 있다는 Li Yang의 영어 전도에 열광하고 있다. 지구상에서 유일하게 영어공부를 하면서 감격의 눈물을 흘리게 하는 영어교사로 소개되기도 한다. 영어에 대한 광적 열광은 한국인에게도 새로울 것 없지만 중국사회에서 이러한 인위적인 열풍은 전통적인 동양사회의 가치인 겸손과 절제의 정신에 반하고 어느 정도 지속 가능한 영어 학습전략(sustainable English learning strategy) 인지는 두고 볼 일이다. 전자상거래기업으로 미국 Amazon.com과 비견될 정도로 비대해진 중국 Alibaba(阿里巴巴)의 마윈(馬雲, Jack Ma)도 영어연설을 곧잘 한다. 항조우에서 태어나 자란 그는 영어를 익히기 위해 새벽이면 외국인 관광객들이 몰리는 항조우 호숫가에 가 일부러 말을 걸며 영어를 배웠다고 술회한 바 있다.

〈그림 74〉 전자상거래기업 Alibaba의 마윈
(https://thefailurestory.com/we-learn-from-failure-not-from-success-story-of-alibaba-owner-jack-ma/)

〈그림 75〉 중국영어 사례 1: "문을 살짝 닫아주세요" 안내문(www.languageoasis.com)

중국영어는 구어로서 실체를 확인하기는 그리 용이하지 않다. CCTV-International과 영어 TV 방송영어는 중국영어라 보기는 어렵다. 영어 원어민이나 영어권에서 성장한 중국인 이민자 출신자들이 리포터, 뉴스캐스터, 진행자로 참여하는 형태의 방송은 영어권 방송이나 한국의 Arirang 채널, 일본의 NHK-International과 다를 바 없다. 대신 문어(written language)로서 영어는 중국어와 병기되어 있는 거리 간판, 도로 표지판, 관광지 안내문 등 영어 모국어 사용자의 편집이 심하지 않은 영어에서 중국영어의 일면을 확인할 수 있을 따름이다.

중국 영어에 대한 부정적 시각에서 비롯된 Chinglish(Chinse+English)를 비난할 때 의례 등장하는 것이 미국, 영국영어에서 벗어난 표현이다. 앞서 지적한 long time no see 외에 lose face 등이 도마 위에 올라 있다. 세계영어에 기여한 경우도 있기는 하나 대략적으로 조소의 대상이 되는 것들이다. 다음 경우를 보자.

Chinglish	미국영어	미국영어/영국영어 관점에서 본 문제점
Carefully slip and fall down	Be careful not to slip and fall	중국어 어순
fried enema	fried sausage	enema는 의학용어
bumf box	toilet paper case	bumf라는 난해한 어휘로 현재는 일상적으로 사용하지 않음
Please steek gently	Please close gently	steek는 스코틀랜드의 문어적 표현
deformed man toilet	handicapped toilet	중국어 표현 직역

〈표 25〉 중국영어

〈그림 76〉 중국영어 사례 2: "Be careful not to slip" 표시(www.pixgood.com)

중국인 영어 표현에서 다음과 같은 일탈도 중국영어의 일면으로 소개된다.

일탈의 원인	Chinglish	표준영어
문화의 차이	work like a cow (중국에는 말을 노동력으로 이용하는 경우가 드물다)	work like a horse
중국어 직역	bean curd (중국어의 豆腐 직역)	tofu
불필요한 장황함	I decided to start the business of advance booking and ticketing	I accept advance booking and ticketing
어순 오류	Up your bottoms!	Bottoms up!

〈표 26〉 중국영어 일탈

7.2 일본의 영어 역사와 영어 정책

20세기 들어 유럽 국가들과 미국의 식민지 정책을 추종하며 청일전쟁(1894-1895)에서 승리한 1895년 타이완 식민지 개척을 시작으로 아시아 지역 맹주가 되려는 야심을 품게 된 제국주의 일본(Japanese Empire)의 힘의 원천은 무엇인가? 요약해서 간단히 말한다면 식민지 피지배자가 아닌 지배자의 길을 갈 수 있었던 원동력은 서양의 문물을 맹목적이 아닌 자국의 전통을 지키며 능동적 자세를 유지하며 수용했기 때문인 것으로 보인다.

일본에 최초로 진출한 서양 국가는 포르투갈로서 1543년이었다. 1600년 최초의 영국인 윌리엄 애덤스(William Adams, 1564-1620)가 일본의 당시 고위 관료들과 면담 시 통역은 포르투갈어 밖에는 할 수 없었던 일본인이 맡았다. 안진 미우라라는 일본식 이름까지 얻은 애덤스는 일본인들에게 좋은 인상을 주어 1623년까지 일본에 거주하면서 일본인들에게 영어와 접하는 소중한 기회를 제공했다. 그 후 정권의 실권자가 바뀌면서 일본에서 추방된 후 영국인들의 일본 입국은 1673년까지 금지된다. 1673년부터 다시 영국인들의 일본인 접촉은 허용되었지만 일본의 대외정책은 다시 쇄국정책으로 선회하여 1825년에는 네덜란드, 중국 선박 이외의 일본 항만 출입을 금지하였다.

19세기 일본은 서양국가 중 네덜란드에만 관대하여 1841년 일본 최초의 영문법서로 발간된 영국인 린들리 머리(Lindley Murray, 1745-1826)의 English Grammar 번역본은 영어원본을 번역한 것이 아니라 네덜란드어 번역본을 일본어로 옮긴 것이다. 19세기 내내 줄곧 영국이나 미국 견제정책으로 일관하던 일본에 호시탐탐 기회를 노리던 미국은 1848년 라널드 맥도널드(Ranald MacDonald, 1824-1984)라는 지식인을 난파당한 선원으로 가장하여 일본에 입국시킨 후 일본 고위관료 14명에게 영어를 가르친다. 그 후 요코하마에 최초 영어교습소가 세워지고 1874년 당시 일본에는 91개에 달하는 외국어 교습소가 세워지는데 그 중 82개가 영어를 가르치는 곳이었다.

1923년에는 일본 문부성 초청으로 영국인 해롤드 파머(Harold E. Palmer, 1877-1949)가 일본에 입국하여 '듣고 말하는'(listen and speak) 영어 학습의 물꼬를 터 주었다. 이렇듯 일본의 초기 영어 역사는 일본의 정체성을 지키려는 민족주의적 자기 방어적 태도와 세계 경제나 세계 공동체에서 소외되지 않으려는 상호모순 되는 갈등의 역사라고 정의할 수 있다.

일본은 제2차 세계대전 종전 후 영어교육을 결코 소홀히 하지 않아 공교육에서 '벙어리/귀머거리' 영어를 탈피하고자 많은 사설영어교육기관이 설립되어 '영어산업'(English industry)이 한때 번창했지만 2007년 일본의 최대 사교육기관(private institute)이 도산하는 등 영어교육에 대한 지나친 환상에서 벗어나고 있는 듯하다.

그럼에도 세계화 시대의 흐름에서 뒤지지 않기 위해 공교육에서의 영어교육의 고삐를 늦추지 않고 2011년부터 초등학교 5학년부터 정규과목은 아니지만 영어와 영어권문화를 익힐 수 있는 기회를 제공하고 있다. 그러나 한국의 경우와 마찬가지로 영어와 일본어의 어순, 관사의 차이, 음절구조의 차이, r과 l의 발음 등 일본어 사용자들이 극복하기 어려운 발음, 일본어와 영어의 문장 구조의 차이 등으로 영어 학습에서 투자에 비해 성과가 미미한 편이다. 흔히 일본인 영어에 대한 비판으로 일본인들은 외국어로서 영어를 어떤 일을 수행하기 위한 도구로 삼기보다 자신의 능력과 수준을 과시하는 장식용으로 삼고 있다는 지적을 받고 있다. 외국인들과의 의사소통이 목적이 아닌 국내에서 자신을 포장하기 위한 수단이라는 것이다. 이러한 지적은 한국인의 영어에 대한 비판과 다르지 않다는 점에서 주목할 만하다.

일본 정부차원에서 일본인 영어능력 향상을 위한 실시한 정책으로 Japan Exchange and Teaching Program(JET Program)이 유명하다. 이 정책은 영어교육, 스포츠교육자문, 국제관계 조력자 확보 목적으로 1987년 이후 매년 4,000명에서 6,300명, 참여 국가로는 60여 개국의 젊은이들이 일본에 파견되고 있다. 2014년 현재 5,700여 명의 참가자가 일본을 위해 일하고 있고 본국에 돌아가 일본 사절의 역할을 하는 경우가 많은 것으로 알려져 있다. 그 중에는 작가, 배우, 번역가, 정치인으로 본국에서 활약하여 일본통(Japanophile)이 되는 경우가 많다. 이들 중 90% 가량은 일본의 초등학교, 중등학교에서 일본인 영어교사를 보조해 주는 역할이 부여되었다. 일본 정부에서는 이들을 초빙하여 영어교육을 위탁하기보다 일본인 영어교사가 주도하는 교실에서 일본인 교사를 보좌하는 임무를 부여하고 있다. 교실에서뿐만 아니라 교재개발, 교사연수(in-service teacher training) 등 임무도 부여하고 있어 세계에서 가장 규모가 큰 교사교환 프로그램으로서 대체로 성공적인 정책으로 평가받고 있다. 흥미로운 사실은 이 프로그램의 지원자 자격에 영어 모국어 사용자라는 제한을 두지 않고 있다는 점이다. 누구든 해당 프로그램(대부분 영어교사직)에 능력을 갖추면 국적을 불문하고 지원할 수 있어 60여 개국의 참가가 가능하였으며 일본의 청소년들이 세계의 다양한 문화를 접할 수 있고 이들이 귀국 후 일본에 대해 우호적인 인물이 되었다는 점도 소득이라고 볼 수 있다.

www.tonykazanjian.wordpress.com   www.jis.gov.jm

〈그림 77〉 Japan Exchange and Teaching Program(JETP)

일본영어를 논할 때 영어 자체는 아니지만 일본어 속의 서양외래어가 두드러지게 많다는 점이 거론된다. 현대 일본어 어휘에서 서양외래어는 12%에 달하여 이중 80%가 영어 외래어로 집계된다. 중국의 관광지나 거리간판에 보이는 어설픈 영어는 일본의 경우도 크게 다르지 않다.

〈그림 78〉 일본영어 사례: 가케가와 성(상위 둘), 하코네의 한 식당 안내문(맨 아래)

중국의 Chinglish에 해당하는 일본의 Janglish에서 다음 경우 중 일부는 한국어에도 영향을 미치고 있다.

	Janglish	표준영어
일반표현	Level up!	Raise a level
	skinship	physical contact
	cunning	cheating
	mansion	apartment
금기(taboo)/은어(slang)	vinyl books	pornography
	soap land	Turkish massage parlor
clipping	aircon	airconditioner
	oke	orchestra
	nishu	varnish
	sando	sandwich

〈표 27〉 일본영어

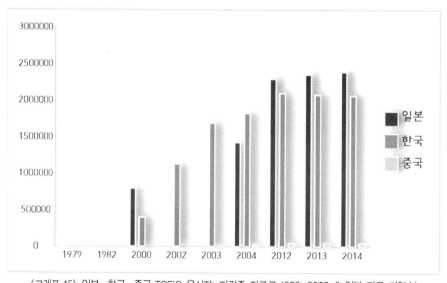

〈그래프 15〉 일본 · 한국 · 중국 TOEIC 응시자: 미검증 자료로 1982; 2002-3 일본 자료 미입수)

TOEIC(Test of English as International Communication)은 1970년대 일본의 한 기업인이 제안하여 TOEFL, GRE, HiSET(High School Equivalency Test) 등을 주관하던 미국 비영리 사설기관인 ETS(Educational Testing Service)에 의뢰하여 1979년 일본에서 처음 시행되었다. TOEIC은 이름에서 알 수 있듯이 학술영어가 아닌 비즈니스 상황 하에서 의사소통 영어능력 평가를 위해 개발되었다. 2014년 일본의 응시자수는 240만 명으로 추산되나 ETS에서는 최근 응시자수를 비공개로 하고 있어 정확한 국가별 응시자수는 알 수 없지만 국가별 응시자수가 공개된 2000년도의 경우 전체 130여만 명 중 일본 80만 명, 한국 40만 명으로 한일 양국이 절대 다수를 차지하던 것이 현재는 절반 이상이 한국어와 일본어 사용자들이 점유하고 있는 것으로 추정된다. 응시자수는 한국이 일본보다 가파르게 상승하여 현재 일본과 대등한 수준을 보이고 있다. 한국은 2013년 207만 명으로 인구비례 일본보다 응시비율이 훨씬 높다. 한국에서 기업체, 학교 등에서 TOEIC 점수를 요구하는 경우가 많은 결과이다. 프랑스 엘리트 대학인 Grandes Ecoles에서 TOEIC 졸업요건 부과의 타당성 시비, 영국 비자발급 공인 영어시험으로 지정 후 취소하는 등 ETS라는 사설기관에 대한 신뢰성에 심각한 의문을 제기하면서 TOEIC의 위상이 흔들리고 있지만 한국에서는 여전히 건재하다.

마지막으로 일본의 영어교육정책을 한국과 비교하여 살펴보자. 무엇보다도 공교육으로서 영어교육에 일본은 매우 신중한 입장을 보이고 있다는 면에서 한국과 매우 대조적이다. 한국은 1982년 실험적으로 초등학교 영어교육을 시작하여 1997년 초등3학년부터 영어교육을 전면적으로 실시한바 있다. 반면 일본은 2002년 소수의 학교에서 시범적으로 운영하다가 2011년부터 동요나 게임 등의 활동을 통한 영어학습을 실시하는데 그치고 있다. 2020년에 비로소 2년간의 실험기간을 거쳐 5, 6학년에 한하여 정규과목으로 전환한다는 계획이다. 세계에서는 물론 아시아권에서도 영어숙달도가 하위권이라는 사회적 요구를 일부 수용하되 모국어 습득에 부작용(side effect)을 최소화하기 위해 초등 고학년에 한한다는 방침이다. 반면 한국에서는 현재 3학년으로 부족하여 초등1학년부터 영어교육 확대를 부르짖는 목소리가 높은데 외국어교육이 모국어습득이나 가치관 형성에 미치는 부작용을 고려하지 않은 섣부른 판단으로 보인다. 조기 외국어 교육론자들은 외국어교육은 어릴수록 유리하다는 것이 초등1학년 영어교육 주장의 주요 근거인데 자세히 살펴보면 이 주장은 근거가 매우 희박하다. 아마 한국의 영어 조기교육론자들은 사춘기(만 13세부터) 이전이 언어습득에 유리하다는 소위 결정적 시기 가설(Critical Period Hypothesis)[59]을 의도적으로 자신의 주장에 맞도록 견강부회한 것으로 보인다. 본래 결정적 가설에서 주장하는 13세, 즉 중학교 1학년 이하가 언어습득의 결정적 시기라면 이보다 5년이나 앞서는 초등 3학년, 즉 8세 시작으로도 이미 충분하다는 결론이 나온다. 설령 8세 이전이 적령기라고 인정한다 하더라도 이 시기는 외국어습득뿐만 아니라 모국어 습득도 최적기임을 명심할 필요가 있다. 다시 말해 모국어 습득도 이 시기가 결정적 시기라는 논리가 성립하며 영어학습은 성장기 학습의 지극히 일부이지 전부가 아니라는 점을 상기할 필요가 있다. 이러한 의미에서 외국어교육의 무조건적 확대는 영어 만능주의(English panacea)와 성급한 영어 편의주의(English expediencies)의 산물로 경계해야 마땅하다.

---

[59] Lenneberg(1967)가 주장한 이론으로 Noam Chomksy를 비롯한 언어학자들이 수용하여 현대 언어습득이론의 핵심적 근간을 이루고 있다. 모국어의 경우 야생아(feral child), 고립아(isolated child) 언어습득 실패 사례나 외국어의 경우 교포 1세, 1.5세 외국어 습득 어려움 등이 그 증거이다.

질문

7-1 한국의 영어교육에 대한 비판에도 불구하고 2018 ETS 연례 보고에 따르면 한국은 아시아 조사대상 30개국 중 10위인 반면 일본은 26위이다. 한국보다 상위 국가는 영어가 제2언어인 싱가포르, 필리핀, 인도 등이다. 한국 영어교육 비판을 비판해보자.

7-2 Schneider(2011)는 일본 여행 후 일본영어의 실체가 없다. 다시 말해 거리의 간판 등에서 쓰인 것 외 일상생활이나 거리에서 전혀 쓰이지 않고 학교 지식으로서만 영어가 존재한다고 주장한다. 진정한 의미에서 한국영어, 중국영어, 일본영어는 존재하는지 생각해보자.

7-3 한국의 과열된 영어열풍에도 불구하고 Schneider(2011)는 한국인들의 영어에 대해 언급한 것은 조기영어교육, 기러기 아빠, 입시영어 등에 대한 것이 전부이다. 한국인들의 영어자체에는 언급이 전혀 없다. 한국인들에게 영어가 갖는 진정한 의미는 무엇인지 추적해보자.

7-4 최근 방탄소년단(BTS)이 미국 Billboard Chart 1위에 오르는 등 K-Pop이 세계인들의 주목을 받고 있다. 그러나 BTS의 히트곡 노랫말 중에는 영어만이 아니라 한국어도 다수 있다. 세계화가 곧 영어라는 등식에 대해 재고해보자.

Keywords

Alibaba

Cantonese

Chinese Pidgin English

Chinglish

concession

Crazy English

Critical Period Hypothesis

deaf English

English expediencies

English industry

English panacea

ETS

feral child

Grandes Ecoles

Hong Kong

isolated child

Jack Ma

Janglish

Japan Exchange and Teaching Program(JET Program)

Japanophile

Mandarin

mute English

North China Herald

Opium Wars

pidgin

the Good Earth

TOEFL

TOEIC

| 참고문헌 |

■ 문헌

권석하. 2015. 『영국인 재발견 2』 안나푸르나.

구로다 가쓰히로. 2017. 『날씨는 맑으나 파고는 높다』 조갑제닷컴.

김욱동 역. 2002. 『앵무새 죽이기』 문예출판사(원작: Harper Lee, *To Kill a Mockingbird*).

김형인 외. 2010. 『미국학』 살림출판사.

복거일. 1998. 『국제어시대의 민족어』 문학과 지성사.

복거일. 2003. 『영어를 공용어로 삼자』 삼성경제연구소.

아사다 미노루. 2004. 『거대한 상업회사 동인도회사』 (이하준 역). 파피에.

윤지관 편. 2007. 『영어, 내 마음의 식민주의』 도서출판 당대.

임준기. 2007. 『뉴질랜드 스토리』 코리아쇼케이스.

최은경. 2010. 『세계 속의 영어와 역사 바로 알기』 한국학술정보.

Benedict, Ruth. 1946. *Chrysanthemum and the Sword*. Boston: Houghton Mifflin Harcourt.

Blouet, Brian W. and Olwyn M. Blouet. 2010. *Latin America and the Caribbean: A Systematic and Regional Survey*, 6th edition. [김희순, 강문근, 김형주 역. 2013. 『라틴아메리카와 카리브 해: 주제별 분석과 지역적 접근』. 까치글방].

Bolton, Kinsley and Braj B. Kachru. (eds.) *Asian English*. London and New York: Routledge.

Burns, Michael. 1992. *Drefus: A Family Affair, 1789-1945*. Kindle Edition.

Carlyle, Thomas. 1841. *Heroes and Hero Worship*. James Frazer.

Crystal, David. 2003. *English as a Global Language*. Cambridge: Cambridge University Press.

Crystal, David. 2004. *Language Revolution*. Cambridge: Polity Press.

Crystal, David. 2004. *The Stories of English*. Penguin Books.

Fox, Kate. 2014. *Watching the English: The Hidden Rules of English Behavior*. London: Nicholas Brealey.

Hower, A. De. 2011.(ed.) *English in Europe Today.* Amsterdam, the Netherlands: John Benjamins Publishing Company.

Hyun, Jane. 2005. *Breaking the Bamboo Ceiling: Career Strategies for Asians.* New York: Harper Business.

Jenkins, Jennifer. 2000. *The Phonology of English as an International Language.* Oxford University Press.

Kachru, Braj. 1990. *The alchemy of English: the spread, functions, and models of non-native Englishes.* University of Illinois Press.

Kachru, Braj, Yamuna Kachru and Cecil L Nelson. (eds.) 2006. *The Handbook of World Englishes.* Maldan, MA: Blackwell Publishing.

Kang, Inae. 1996. Cultural Imperialism and English Education in Korea. *The Journal of Educational Research*, 12. 1-12.

Lenneberg, Eric. 1967. *Biological Foundations of Language.* New York: Wiley.

Low, Ee-Ling and Arirah Hashim. (eds.) 2012. *English in Southeast Asia.* Amterdam, the Netherlands: John Benjamins Publishing Company.

MacGregor, Laura. 2003. The Language Shop Signs in Tokyo. *English Today.*

Mao, Ling and Yue Min. Foreign Language Education in the PRC.

Miura, Akira. 1998. English in Japanese: a Selection of Useful Loanwords.

Schneider, Edgar. 2011. *English Around the World.* The Cambridge University Press.

Seargeant, Philip. 2005. Globalization and Reconfigured English in Japan. *World Englishes.* 24(3).

Seargeant, Philip (ed). 2011. *English in Japan in the Era of Globalization.* Basingstoke: Palgrave Macmillan.

Seargeant, Philip and Joan Swann. (eds.) 2012. *English in the World: History, Diversity*, Change. New York: Routledge.

Sharp, Ilsa. 2012. Cultural Schock! Australia. Marshall Cavendish International (Asia) Pre Ltd. [김은지 역. 2014. 『세계를 읽다-호주』. 도서출판 가지].

Svartvik, Jan and Geoffrey Leech. 2006. *English One Tongue, Many Voices.* New York: Palgrave Macmillan.

■ 동영상 다큐멘터리

중국 CCTV. 2006. 제1편 포르투갈과 스페인, 해양의 시대를 열다

https://www.youtube.com/watch?v=zKzNdUrhbgI

제2편 유럽의 작은 나라 네덜란드, 세계를 움직이다.

https://www.youtube.com/watch?v=D___YDcsU6o

제3편 영국, 현대화의 선봉에 서다.

https://www.youtube.com/watch?v=ZSFxsH2Eil8

제4편 영국, 세계 최초의 공업화 대국.

https://www.youtube.com/watch?v=-XpZMzrsIkQ

제5편 프랑스, 혼돈 속에서 일어서다.

https://www.youtube.com/watch?v=L5C8FEItaWs

제10편 미국, 새로운 나라의 새로운 꿈.

https://www.youtube.com/watch?v=-8JGERFVvJo&index=11&list=PL78b
wWKJM5YdJviu6tl_PFq5NWUAeccIP

제11편 미국, 세계 제1강국을 이룬 새로운 도전.

https://www.youtube.com/watch?v=T9mS3uO8J8s&list=PL78bwWKJM5Y
dJviu6tl_PFq5NWUAeccIP&index=12

한국 EBS. 2014. 대영제국의 탄생 (gomaster.tistory.com).

영국 BBC. 2012. History of the World (연속기획물).

2009. The American Future: A History by Simon Shama (연속기획물).

미국 Smithonian Channel. 2010 (현재 진행 중) Aerial America (연속기획물).

■ 관련 영화, 소설

Ann Boleyn, A King's Obsession: A Novel. Alison Weir (2017).

The Adventures of Tom Sawyer. Mark Twain (1876).

The Adventures of Huckleberry Finn. Mark Twain (1885).

Ben-Hur(영화, 1959)

Black Skin, White Masks. Frantz Fanon (1952).

The Butler(영화, 2013).

Cinderella(애니메이션 영화, 1950).

Crocodile Dundee(영화, 1986).

A series of films featuring Caribbean Pirates(16세기~19세기 초).

My Fair Lady(영화, 1964).

Giant(영화, 1956).

The Good Earth. Buck, Pearl (1931).

The Grapes of Wrath. John Steinbeck (1939).

Helen of Troy(영화, 1956)

Imitation Game (영화, 2015).

Interstellar(영화, 2014).

Joan of Arc(영화, 1967).

The Moon and Sixpence, Maugham, Somerset (1919).

The Old Man and Sea. Ernest Hemingway (1952).

Papillon(영화, 1969).

The Scarlet Letter. Nathaniel Hawthorne (1850).

Snow White and Seven Dwarfs(애니메이션 영화, 1937).

Ulysses(영화, 1954)

War and Peace. Leo Tolstoy (1867).

1492: Conquest of Paradise (영화, 1992).

the 25th Hour. Gheorghui, Virgil (1949).

ㅈ

ㅍ

ㅎ

Critical Period Hypothesis — 220, 222

Cromwell, Oliver — 50, 51

Crown Colony — 192, 206

cultureless — 193, 206

D

Dampier, William — 147

Deaf English — 208, 222

Declaration of Independence — 67, 69, 74, 119

deculturalization — 193, 206

Devil's Island — 130

Diaspora/diaspora — 24, 30

Dickens, Charles — 157

Dirty Thirties — 78, 119

Disney, Walter — 77

Dominican Republic — 57, 129, 130, 134, 137, 142

Don Quixote — 40

Drefus Affair — 130

Duke, Washington — 94

dumb English — 211

Dust Bowl — 60, 78, 119

Dutch East India Company — 42~44, 51, 147, 148, 160, 168, 185

Dutch West India Company — 44, 58

E

East India Company — 30, 42~44, 51~ 53, 56, 147, 148, 168, 178, 185~187, 192, 208, 209, 223

Easter Island — 111

Edison, Thomas — 60, 76, 77

Eisenhower, Dwight — 80

El Dorado — 40, 122, 129

endonormative — 202

English Call Center — 15, 190, 201, 206

English expediencies — 220, 222

English industry — 215, 222

English panacea — 220, 222

English-Knowing Bilingualism — 193

Eroica — 68

Establishmentarianism — 64

ethnic slur — 117

eye-dialect — 106, 117

F

Fanon, Frantz — 122, 141

Federal Aid Highway Act — 80

feral child — 220

Filipino — 178, 200, 206

Ford, Henry — 94, 95

foreign language — 18, 19, 26, 189, 191, 202, 211, 215, 219, 220

Free Trade Party — 146, 153

Freedom Trail — 14, 68

French Guiana — 44, 122, 124, 129, 130, 147

frontier spirit — 73

G

galleon — 15, 49, 126, 201, 206

galley — 49

Gates, William — 95

Gauguin, Paul — 147

General American — 104

General Australian English — 176

A Grammatical Institute of the English Language — 99

Gettysburg — 74

Gibraltar — 195

glass ceiling — 152

Glorious Revolution — 30, 50, 58

the Good Earth — 209, 222, 226

Good Samaritan Law — 98, 119

Graham, Billy — 212

Grapes of Wrath — 78

Gravy — 89

Great Barrier Reef — 148, 176

The Great Depression — 77

The Great Panic — 77

Great Witch Craze — 87, 119

Greater Antilles — 122, 124, 143

Guevara, Che — 134, 135

Guyana — 44, 58, 111, 122, 124, 129, 132, 137, 138, 143

H

Haiti — 38, 68, 135

Hamel — 44, 58

Hamilton, Alexander — 73, 74, 92

Harriman, Edward — 95

Harry Potter Series — 103, 104

Hawthorne, Nathaniel — 87, 226

Hillary, Edmund — 166, 176

Hispanic — 90, 91, 111, 135, 152

Hispaniola — 38, 122, 124, 125, 128

Hokkien — 211

Homer — 31

Homerus — 31

Homestead Acts — 72

Honduran Caravan — 15, 140, 143

Hong Kong — 222

I

⟨Imitation Game⟩ — 79, 226

⟨Interstellar⟩ — 142, 226

Illiad — 58

Inca Empire — 39

Indentured servant/laborer — 122, 192

Independence, Missouri — 72

Indigenous/ indigenization — 20, 24

indirect rule — 180, 183, 186

intellectual property right — 60, 76

invisible hand — 54, 58, 94, 119

Isabella — 36, 58

J

Jabanese — 122, 132

Jackson, Andrew — 69

Jamaica — 25, 50, 122, 124, 133, 139

Jamaican Creole — 122, 136, 138, 139, 143

Jamaican Patois — 138

Jamestown Colony — 62, 119

Janglish — 15, 16, 216~218, 221

Janszoon, William — 147

Japan Exchange and Teaching Program(JET Program) — 208, 216, 222

Japanophile — 216, 222

Jeanne d'Arc/Joan of Arc — 87

Jefferson, Thomas — 60, 67~69, 71, 73, 74, 85, 92

Jim Crow Laws — 85, 119

Jolly Roger — 49

Joyce, James — 31

K

Kachru, Braj — 15, 18, 19, 27, 178, 189, 223, 224

Kenya — 178, 180, 183, 184

Keynes, John — 94

Khoisan — 172

Kipling, Rudyard — 56

Kiwi — 164, 165

kiwifruit — 164

Kiwi-ism — 164, 176

Krio — 182, 206

Ku Klux Klan — 91

Kushan Empire — 52

L

Lee Kwan Yew — 193

Leo Grande — 70

Lesser Antilles — 122, 124, 143

Li, Yang — 15, 211, 212

Lincoln, Abraham — 65, 67, 71, 72, 74, 94, 107

locals — 20, 138, 180, 181, 183, 186, 205

London Virginia Company — 62~64

Lost Colony — 61

Louis Armstrong — 115

Louisiana Creole French — 114

Louisiana Purchase — 14, 60, 68~70, 119

Loyalists — 119

Lucayan Archipelago — 125

Luther, Martin — 86

M

〈My Fair Lady〉 — 157, 226

Ma, Jack — 212, 222

Macau, Macao — 34, 210

MacDonald, Ranald — 215

Mardi Gras — 15, 115, 116, 119

Magellan, Ferdinand — 37, 48, 198

Malaka — 43

Mandarin — 27, 193, 194, 209~211, 222

Mandela, Nelson — 169

Manila — 198, 201

Maori — 15, 146, 160~162, 164~166

Maori Acts — 165, 176

Maori Wars — 161, 176

이봉형

서울대 인문대 영어영문학과 학사, 석사, 박사

미국 Cornell University (1990-1991), University of Massachusetts-Amherst (1997-1998), Indiana University-Bloomington (2012-2013) 방문 연구원

저역서　　2013. 『차용어 음운론』. 한국문화사

　　　　　2013. *Screen English*. 신아사

　　　　　2010. *Selected Top Epoch-Making Speeches*. 신아사

　　　　　2009. 『최적성이론 해보기 －이론과 실제』(공역). 한국문화사

　　　　　2001. 『영어학 강의』(공저). 한국문화사

　　　　　2000. 『최적성이론의 이해』(공저). 한신문화사 등 10권

논문　　　〈국제〉

　　　　　2017. The Contrast Transitions in Korean Vowels: An Information-Theoretic Perspective. *Phonological Studies* 20, 87-94. Phonological Society of Japan(日本音韻論學會).

　　　　　2015. Testing the Role of Speech Perception in Loanword Adaptation. *US-China Foreign Language* 13.3, 161-73.

　　　　　2013. The Impact of Borrowed Sounds and Neutralization on Korea Contrasts. *Indiana University Working Papers in Linguistics-Online* 13, 1-19.

　　　　　〈국내〉

　　　　　2018. 「계량음운론 속의 한국어·영어 단어길이와 음소배열」. 『한국어학』 81, 35-64 등 52편

연구발표　〈국제〉

　　　　　2013. International Congress of Linguists, Université de Genève, Switzerland 등 13회

　　　　　〈국내〉

　　　　　2018. 우리말학회·한국어학회 공동학술대회. 부산대학교 등 23회

경력　　　〈국제〉

　　　　　2018-2020. *International Journal of Language and Linguistics* 편집위원

　　　　　〈국내〉

　　　　　대전대학교 대학원장(2015-2017)

　　　　　국제어문화대학 학장(2007-2009)

　　　　　교무연구처장(2001-2003)

　　　　　한국현대언어학회 회장(2009-2011)

　　　　　국제한국언어학회(ICKL) 부회장(2006-2008)

　　　　　한국음운론학회 회장(2001-2003)

영예　　　2014. 2014년도 한국연구재단 우수연구 50선

　　　　　2011. 한국영어영문학회 우보 논문상

　　　　　2011. Fulbright Senior Research Grant

　　　　　1990. Fulbright Doctoral Dissertation Research Grant

영어권 지역과 언어의 이해 제2판

초판1쇄 발행일 2015년 8월 30일
제2판 발행일 2019년 2월 28일

지은이 이봉형
발행인 이성모
발행처 도서출판 동인 • 서울시 종로구 혜화로3길 5 118호
　　　　 TEL 02-765-7145 / FAX 02-765-7165 / dongin60@chol.com
등 록 제1-1599호
I S B N 978-89-5506-671-5
정 가 14,000원